黄河母亲

————孙以增————

世界上有一种事业，　　　　妇幼卫生。

让新生儿健康成长，　　　　展翅雄鹰。

她全身心毫无保留，　　　　奋斗终生。

我们深情地尊敬她，　　　　伟大母亲。

————左 奇————

杨崇瑞博士

——中国妇幼卫生事业的开拓者

中华人民共和国卫生部基妇司
中国医学基金会杨崇瑞基金
北京医科大学妇儿保健中心
北京市东四产院暨东城区妇幼保健院
北京医科大学校友会第一助产学校分会

北京大学医学出版社

YANGCHONGRUI BOSHI
——ZHONGGUO FUYOU WEISHENG SHIYE DE KAITUOZHE

图书在版编目（CIP）数据

杨崇瑞博士：中国妇幼卫生事业的开拓者/左奇，严仁英主编.
—北京：北京大学医学出版社，2002.7（2014.1 重印）

ISBN 978-7-81071-307-8

Ⅰ．杨…　Ⅱ．①左…②严…　Ⅲ．杨崇瑞-生平事迹-摄影集
Ⅳ．K826.2-64

中国版本图书馆 CIP 数据核字（2002）第 038489 号

杨崇瑞博士：中国妇幼卫生事业的开拓者

主　　编：左　奇　严仁英

出版发行：北京大学医学出版社（电话：010－82802230）

地　　址：（100191）北京市海淀区学院路 38 号　北京大学医学部院内

网　　址：http://www.pumpress.com.cn

E－mail：booksale@ bjmu.edu.cn

印　　刷：北京圣彩虹制版印刷技术有限公司

经　　销：新华书店

责任编辑：赵　莳　　责任校对：王怀玲　　责任印制：张京生

开　　本：787mm×1092mm　1/16　　印张：8.25　　字数：203 千字

版　　次：2002 年 6 月第 1 版　2014 年 1 月第 2 次印刷

书　　号：ISBN 978-7-81071-307-8

定　　价：40.00 元

编 者 名 单

名誉主编　陶斯亮

主　　编　左　奇　严仁英

副 主 编　杨　青　王永麟　于咏秋　孙静修

编委会名单　(按姓氏笔画排列)

于咏秋　王永麟　王光正　左　奇　孙世英
孙静修　冯　兰　冯木兰　朱　军　李　芹
杨　青　严仁英　杨英贞　金　旋　闻莲清
高　锋　黄　欣　潘淑元

中国妇幼卫生事业的开拓者

杨崇瑞博士

钱信忠

二〇〇二年二月

杨崇瑞教授是妇幼保健事业的先驱，是为民造福的楷模。

康克清

1989.6.29

纪念中国近代妇幼卫生创始人

杨崇瑞博士

陈慕华

赤诚爱国执意追求，无私奉献，创业如幼卫生。

陈敏章

一九八九年五月

一九八二年春节，我代表卫生部去看望著名的妇幼卫生专家杨崇瑞老大姐，是专程问候老君向她请教妇幼卫生特别是助产教育问题，未遇，谁知这竟成为无可挽回的遗憾！

杨崇瑞老大姐热爱祖国，热爱妇幼卫生事业，为创建我国的妇幼卫生事业，历尽艰辛，呕心沥血，无私的奉献了一生。她的这种精神，感人至深，我们深深地体会，崇敬这位世界闻名的中国妇幼卫生事业的先驱。

杨纯　元元年十二月廿八日

献身妇幼卫生事业奠定

助产教育基础扬崇瑞

博士独身奋斗成绩斐

然其崇高精神永传后世

诸福棠敬志 一九八九年夏

序

杨崇瑞博士生于 1891 年 9 月，1917 年毕业于北京协和医学堂，是我国最早的女医学博士，近代妇幼卫生事业的创始人，助产教育的开拓者。杨崇瑞博士的一生是为开创我国的妇幼卫生事业无私奉献、勤奋工作的一生。

杨崇瑞博士一生爱国，矢志祖国的繁荣富强。她的青少年时代正是中国不断遭受帝国主义列强侵略和欺辱的时代，这在她的心中激起了强烈的爱国热情和民族自尊心。为了富国图强，她几次远赴世界各地进修考察，求知求学。她不为国外高薪聘用所动，毅然回国服务。她像拓荒的老黄牛那样，在妇幼卫生这块园地里，勤奋耕耘，默默奉献，几十年如一日把滴滴心血全部倾注于事业上。她主持助产教育，教学生做学问，也教学生做人；她率先垂范为人师表，以自己的实际行动实践"牺牲精神，造福人群"的校训，启迪青年觉醒，培养爱国为民的新人；她克勤克俭，将节省下来的钱帮助地方开办妇幼卫生工作，资助生活困难的学生。70 年代，她先后将自己多年积蓄的 69 000 多元捐献给国家，并将积存多年的外文书籍赠送给有关部门。

《杨崇瑞博士——中国妇幼卫生事业的开拓者》纪念册是杨崇瑞博士光辉一生的记录，是一本勉励妇幼卫生工作者立足本职工作，全心全意为妇幼卫生事业做出贡献的好教材。出版这本画册旨在弘扬她热爱祖国的高贵品质，以及她一生致力于我国妇幼卫生事业的崇高思想和献身精神。让我们以此来缅怀和纪念杨崇瑞博士。

张文康

2002 年 4 月 16 日

前　言

　　一个平凡而伟大的人,把自己的一身献给了一个平凡而伟大的事业——中国的妇幼卫生事业。做为这个事业的创始人,杨崇瑞博士已经离我们而去,但她留给我们一个太阳升起的今天和充满希望的明天。

　　杨崇瑞,一个普通农民的女儿,1917 年 26 岁就获得了医学博士学位,然而,苦难的中国带给她的医学实践是救助水灾窝棚里的灾民,是抢救被装神弄鬼的巫婆和无知的接生婆推向死亡边缘的临产孕妇,是在天花等疾病猖獗流行的贫困地区奔波救援……。多灾多难的中国,呼唤公共卫生事业,尤其是妇幼卫生事业,也重重地敲打着杨崇瑞的灵魂,在她充满爱的心灵深处播下了一颗火种。

　　1925 年杨崇瑞获奖学金到美国霍普金斯大学医学院进修,同时她也考察了加拿大和欧洲许多国家的公共卫生事业和助产教育。她心中豁然开朗——要让祖国铲掉"东亚病夫"的耻辱柱,就必须发展公共卫生事业。因为它"是一条保障民族健康的捷径,比医疗机关更具有建设性和积极性","对于样样落后,经济贫困的中国,是最节约、最易生效的预防疾病保障健康的方法"。自此,杨崇瑞博士立下了志向——把自己的青春和一生奉献给祖国的妇幼卫生事业,而这是一条充满荆棘和坎坷的历史壮举。它没有医疗机构临床医生时常可以得到的花环和桂冠——这对于医学博士杨崇瑞几乎是垂手可得的;它需要和贫困、愚昧作顽强的斗争;它需要将自己融化到苦难深重的广大劳苦大众中;它需要坚持不懈的组织一支充满爱心和技术高超的队伍;……杨崇瑞博士做到了,而且从来没有动摇过。

　　20 世纪二三十年代,为了妇女儿童的健康,建立保婴事务所,着手开办接生婆训练班,努力提倡节制生育、优生优育,继而创办了中国第一所助产学校,并迅速发展。1937 年全国已有 55 所助产学校,培养了数以万计的妇幼卫生工作者。

　　抗日战争、革命战争年代,她千方百计把自己编写的《妇幼卫生学》等著作秘密送往解放区,成为不可多得的卫生教材。

　　全国解放了,她又带着对新中国的向往和满腔热忱,以及崇高的献身精神毅然辞去了世界卫生组织妇婴卫生组副组长的职务,回到祖国的怀抱,担任卫生部第一任妇幼卫生局局长。她靠勤奋和才华组织起中国的妇幼保健网,千万名妇幼工作者一批批走向农村、山区,贫困地区的人民开始走上健康道路。

　　然而,这位值得推崇和尊敬的人,却被错划成右派,她的梦想破灭了。但她并没有放弃,仍然在潜心研究总结经验教训,著书立说。落实政策后作为全国政协委员,她在全国政协五届三次会议上还提交了一份"恢复助产教育"的提案。

岁月蹉跎,光阴流逝。1983年,93岁的杨崇瑞博士离我们而去。然而她终身为之奋斗的"牺牲精神,造福人群"的诤诤壮语永远留在人间。她所培养的千千万万个妇幼卫生工作者在祖国各地各个岗位上发挥着重要的作用。

杨崇瑞博士是中国妇幼卫生事业的创始人和开路先锋。我们深深爱戴的杨崇瑞博士,您虽然终身未婚,但您的子女遍及天下,您所开创的事业正在走向铺满鲜花的阳光大道!

左　奇

2002年3月10日

目　　录

杨崇瑞博士简历

- 1891 年 9 月 6 日出生。
- 1910 年（19 岁）　入协和大学理化科（即医预科）。
- 1912～1917 年　协和女子医学院毕业，获医学博士学位。
- 1917 年毕业后　山东德州博氏卫氏医院普通科，参加救水灾医疗工作。
- 1920 年底　天津南关下头妇婴医院普通科。
- 1921 年末　协和医学院进修后留在妇产科。业余时间参加灯市口小卫生部作产前检查及齐化门外产前门诊（1921 年协和开办公共卫生科，由英国医生兰安生负责。1924 年三河县乡民写信给协和外科说："你们外科治得好，不知要生产安全，使孩子不死，可吃什么药？"外科把信转公共卫生科，兰先生觉得与妇产科有关，商量组成了赴三河县和遵化县调查四六风，杨崇瑞参加了调查团）。
- 1925 年　获奖学金到美国霍普金斯大学医学院进修。开学前兰先生帮助获奖学金，参观加拿大公共卫生科和妇产科。
- 1926 年 8 月～1927 年 2 月　进修后又获奖学金，参观美国东北部及英国、苏格兰、德国、法国、丹麦、奥地利等欧洲国家的公共卫生及助产教育。
- 1927～1937 年　协和公共卫生科讲师，兼第一卫生事务所保健科主任。1928 年初在中华医学会第七次年会上宣读助产教育论文。
- 1928～1937 年　任协和医学院公共卫生科教授兼卫生部技术室简任技正，负责全国妇婴卫生工作。考察了全国妇婴卫生工作及助产教育情况，并为北平市卫生局借用，任妇婴保健所所长。先后创办北京国立第一助产学校、南京第二（后改名为中央）助产学校，被聘为两个学校的校长。协助提高各省市和县 54 所助产学校的教学质量。
- 1937 年初～11 月　受聘为国际联盟妇婴卫生组专家。考察欧亚两洲各国妇婴卫生状况及助产教育，去了印度、马来西亚、越南、菲律宾、意大利、瑞士、英国、爱尔兰、威尔士、法兰西、丹麦、德国、奥地利、荷兰、挪威、匈牙利、南斯拉夫。

● 1937 年 11 月 ~ 1938 年 8 月　回国参加抗日战争。参加红十字会医疗队，组织伤兵医院。筹组贵阳医学院并教妇产科。在武昌建立第一助产学校分校，后迁重庆。

● 1938 年 8 月 ~ 1939 年底　回卫生署工作，负责筹划儿童保育院医药方面事宜。帮助开辟从新桥到青木关一段公路卫生所。筹组成都保婴事务所三处，编写了"妇婴卫生纲要"、"妇婴卫生学"、"简易产科学"及其他宣传小册子及一套妇婴卫生挂图发行各地。

● 1939 年底 ~ 1941 年 6 月　因病休养。

● 1941 年 6 月 ~ 1942 年 10 月　赴美考察妇婴卫生，再入妇产科进修。

● 1942 年 10 月 ~ 1946 年 1 月　在卫生署担任中央卫生实验院妇婴卫生组主任，筹组四川壁山县和遂宁县妇婴保健所。在兰州和成都各开办妇婴保健院一处，在重庆沙坪坝实验区帮助筹组一个 30 张床的产院。同时协助重庆市卫生局开展公共卫生，1944 年协助联合国救济总署训练医药复员人员。

● 1946 年 1 月 ~ 1947 年 11 月　被派回京沪平津等市复员妇婴卫生工作，接管国立第一助产学校，协助上海市卫生局开办妇婴保健院。

● 1947 年 11 月 ~ 1948 年 6 月　再赴加拿大、美国考察妇婴卫生与人口关系。

● 1948 年 7 月　由卫生部推荐，被选为立法委员，因不得兼职，辞去主任及校长职务。

● 1948 年 10 月　被联合国国际卫生组聘为国际妇婴卫生专家妇婴卫生组副组长，帮助整理妇婴卫生工作队的标准和设备事宜。随后获得考察参观欧洲助产教育和妇婴卫生的奖学金，参观了瑞士、捷克、芬兰、瑞典、丹麦、英国和法国。3 个月后回到日内瓦。

● 1949 年　辞去联合国聘任的职务回国。任中央人民政府卫生部第一任妇幼卫生局局长(后改司为司长)。杨崇瑞任司长期间我国妇幼卫生工作得到全面发展，据 1949 年统计，建国前全国只有 13000 多名助产士，至 1957 年增长了 1 倍多，已有 35774 名。她提倡的训练老娘婆建立保健站，至 1957 年已达近 66 万人，以北京市为例，短短 4 年里产妇死亡率下降了十倍，基本消灭了新生儿破伤风和产褥热。1952 年开始杨局长领导建立了全国三级保健网。省有妇幼保健院，专区有妇幼保健所，县有妇幼保健站，为推广妇幼卫生保健打下了坚实的基础。

● 1958 年　反右时被错划成右派，任中华医学会编辑。

● 1979 年　平反昭雪后任卫生部妇幼司顾问。

第 一 部 分

(1891 ~ 1917 年)

勤奋读书　踏上学医之路

成绩优异　获 医 学 博 士

　　杨崇瑞，字雪丰。1891 年 9 月 6 日出生在河北省通县燕郊镇兴都庄的一个普通农民家庭。父亲杨云阶(右三)16 岁中秀才，18 岁中举。轰动乡邻，有"少年才子"之称。母亲(后左一)出身富宦家庭，仰慕杨云阶才华，下嫁做续弦。过门后生了一男一女，女孩就是杨崇瑞(右二)。图为杨崇瑞 1899 年在通县家门口合影(现燕郊镇划归河北省三河市)

杨崇瑞自幼天资聪慧，四五岁在家中认字块，读书。哥哥大她6岁，后来进了洋学堂。给杨崇瑞带来影响很大。她8岁时提出要求进学校、放足、退婚，解除6岁时家庭包办的婚约，得到父亲的支持，满足了她的全部要求（她放足的时期比清政府于1902年颁布禁止缠足还早三年）。她进入了正规学校学习。图为在通县富育小学时摄

1906年杨崇瑞就读于北京贝满书院（后贝满中学——女十二中，即现在166中），学制四年。1910年以优异成绩毕业。图为上课时的情景，后排左第一人为杨崇瑞

　　杨崇瑞对数理化极感兴趣，成绩优异。中学期间奠定了英文基础。图为中学毕业时与同学合影(左三)

　　1910 年入协和大学理化科（即医预科）1912 年毕业获理科学士学位。图为 1912 年毕业时留影

这是协和女子医学院校园

杨崇瑞和同学们在学校阳台上。右一为杨崇瑞

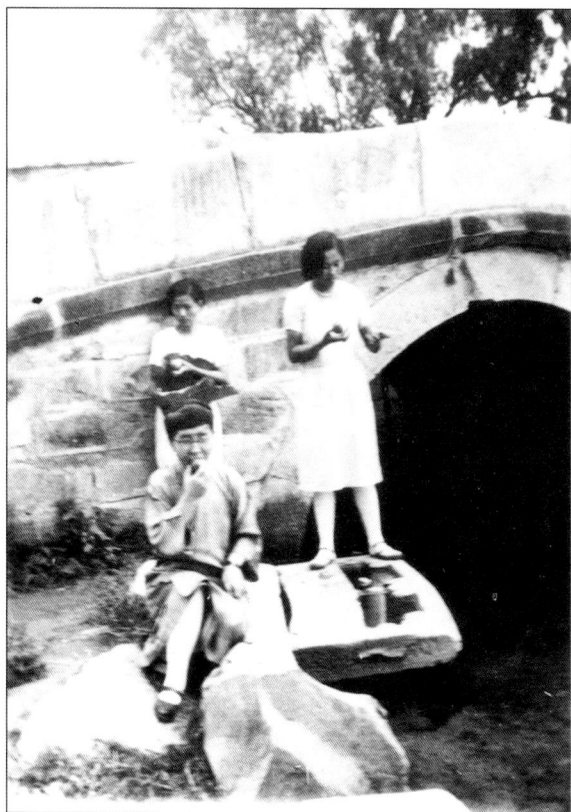

1930 年 10 月 10 日杨崇瑞（前）与侄女广贞、英贞在北京香山秋游时留影

愉快的郊游右一为杨崇瑞

　　1912 年考入协和女子医学院,5 年寒窗,1917 年获医学博
士学位。图为毕业时留影

第二部分

（1917～1937 年）

开创妇幼卫生事业

创办助产学校

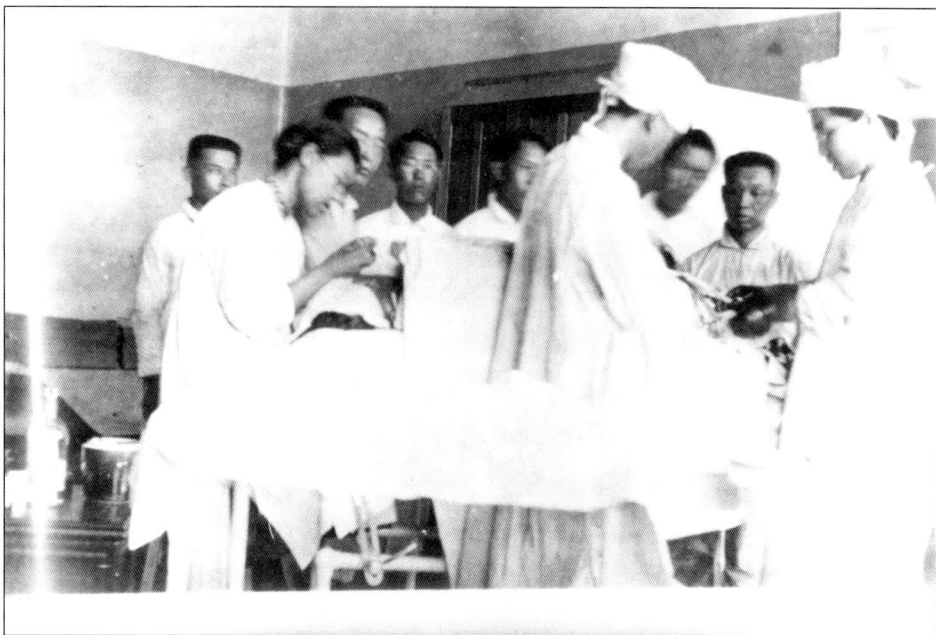

毕业后,杨崇瑞1918年到山东德州博士医院任普通科和外科主治医师。她在这所医院工作达三年半之久。图为做手术时的情景,右一为杨崇瑞

作为主治医师要负全面医疗责任。杨崇瑞以精湛的技术和对工作的极端负责,深得同事的信任和病人的爱戴。图为杨崇瑞为病人留影

1918 年黄河大水，医院被淹时情景。杨崇瑞被召参与救灾工作，专门负责灾民的医药卫生事宜。经常划着小船给灾民送医送药

1920 年底，杨崇瑞到天津南关下头妇婴医院工作，任主治医师。从此与妇婴工作结下了不解之缘。图为 1921 年底(农历阴历为 1922 年初)，赴北平协和医学院进修时，同妇婴医院的学生护士的合影。坐着为杨崇瑞

1922年协和医学院建成，杨崇瑞此时已从事临床四年半，怀着对知识的追求，又回北京进修。图为在协和医学院雪中留影

杨崇瑞原计划是在外科、妇产科和眼科各学习一年。后在妇产科仅做了6个月的研究，由于医术高超，被聘为妇产科专任医师。这在当时是不多见的。图为与护士、婴儿合影（后排左二为杨崇瑞）

在协和妇产科3年时间里，杨崇瑞利用工作余暇，深入北京下层社会，在北京灯市口慈商工厂为女工和孕妇体检和治病；在朝阳门外设妇产科门诊。还到郊区、河北农村调查了解妇幼卫生状况。通过大量调查她第一个提出当时产妇死亡率为15‰；婴儿死亡率为200‰的统计数字。图为下乡时情景

1925 年杨崇瑞获得奖学金被选送到美国约翰·霍普金斯大学医学院进修，进修前到加拿大参观公共卫生及妇产科，被当时国际上妇产科权威教授誉为最优秀的两名学员之一。随后转赴西欧各国进行实习参观。1926 年 8 月～1927 年 2 月赴美国、英国、苏格兰、德国、法国、丹麦、奥地利参观公共卫生及助产教育，她恍然意识到公共卫生是一条保障民族健康的捷径，比医疗更能积极预防疾病，保障健康。以其敏锐的观察和深入思考后，她认为英国、荷兰、德国、法国采用受过严格训练的助产士处理分娩的做法大可效仿。图为留美时留影

1927 年回国后，杨崇瑞毅然由妇产科转到公共卫生科。从此，献身于妇幼卫生和助产教育事业。图为 1928 年赴南洋菲律宾等地考察助产教育时留影，左一为杨崇瑞

1927 年杨崇瑞在故乡通县(现属三河市)燕郊镇兴都村庄办了一所小学,由其父杨云阶照管,名"云阶小学",只收村里女孩子入学(村里原有小学只收男孩)。1940 年与村里的"会立小学"合并,建国后改为兴都村小学。

兴都村小学生在上课

1927 年云阶小学的学生坐凳。因历时 70 多年只存此一凳

2001 年的村小学部分教室

图为左奇(左二)与于咏秋(左三)于 2001 年 5 月 24 日去村里访问。左一为小学校长赵学东,右二为副镇长何海勇。右一为镇文化站长王世民(1957 年由杨崇瑞侄子经手正式将学校交公)

　　1925 年杨崇瑞 (左一) 任协和医学院妇产科医师时, 与友人出诊时留影

　　杨崇瑞常说是兰安生博士（当时协和医学院公共卫生科主任）促使她下决心搞妇幼卫生工作。杨崇瑞（前排右三）、兰安生博士（后排中）及协和外国同仁合影

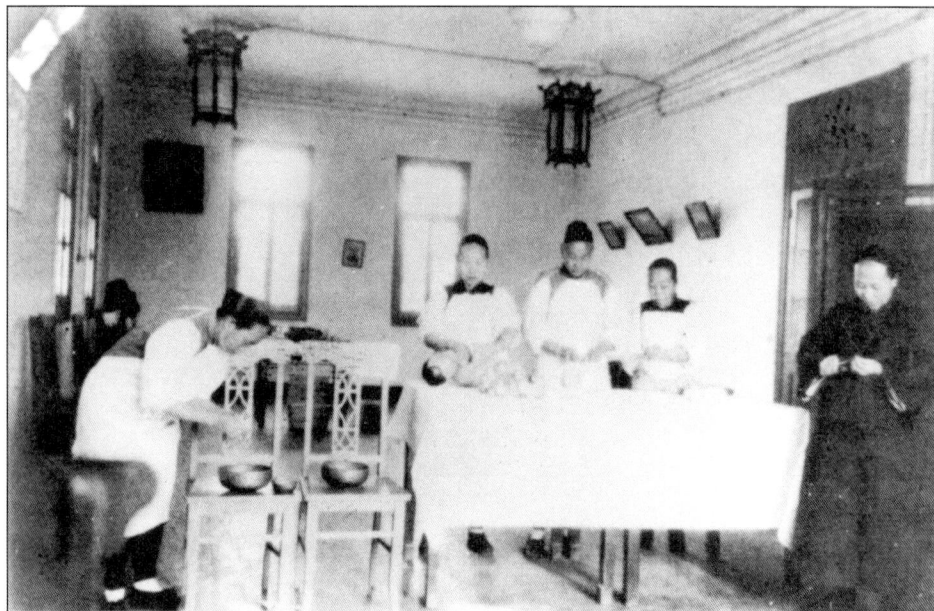

　　1928年杨崇瑞在北平办起了我国第一个接生婆讲习所，第一批30名，平均年龄54岁，共对360个接生婆进行了严格训练（据说有一位是接清朝末代皇帝溥仪的接生婆）。图为培训时情况（上图）及结业时合影（下图）

1929～1931年,杨崇瑞为培养助产教育的师资,保送协和医院护士专科毕业的章斐成等8人赴英国进修,学成后留校任教。图为章斐成回国后,赴河北定县高头村培训接生婆留影(后左二为章斐成)

1928年初杨崇瑞在中华医学会第七次年会上宣读了助产教育论文。文中详细论述了助产教育之急需,并对助产学校应有的设施、科目和实习等作了说明。图为刊登在中华医学杂志上的影印件

　　经过杨崇瑞的呼吁和医学界及社会有识之士的支持，呈请当时政府成立了助产教育委员会。1929 年 1 月国民政府卫生部和教育部正式批准由杨崇瑞主持创办了示范性的国立第一助产学校，附设一所产院，亲任校长。并聘医科及其他科名流朱章庚、林巧稚、潘光旦等任课。毕业生要具有独立管理助产学校及产院的工作能力，要学会骑马、骑自行车，以便于下乡及上山区工作。建校经费由中央卫生行政机关与万国公共卫生会议议决，前 5 年每年美国罗氏基金会资助 1 万 1 千元，国库支给每年 3 万元，共计 4 万 1 千元。图为杨崇瑞校长

国立第一助产学校校训为杨崇瑞博士亲笔题字

杨崇瑞在办公

国立第一助产学校校歌

·牺牲精神　造福人群·

这八个大字是杨崇瑞校长为国立第一助产学校亲自制定并书写的校训。

在旧中国，"国弱民贫，外侮频仍，民智未开，疫病流行"，为摘掉"东亚病夫"的耻辱，杨崇瑞以强国健民，推广妇幼卫生工作为目的，立足学校放眼全国，展望未来。计划培养出品学兼优，理论联系实际，全心全意为妇幼卫生服务的学生，以便作为骨干把妇幼卫生工作推广到全国，特别是使广大中下层贫苦之家及农村妇婴都能得到卫生保健。她计划在50年内培养出15万名助产士，在全国建起妇幼卫生保健网。但在军阀混乱，蒋介石反共，日本侵略中国的历史时期，实现这宏伟的计划谈何容易。杨崇瑞在困难的条件下，兢兢业业，一往无前，治学严谨，精益求精，以"牺牲精神造福人群"为校训，身体力行，严于律己诲人不倦，培养出一批又一批骨干。凡被派出特别是到艰苦的农村去开辟工作的学生，都能克服困难坚持推广科学卫生知识，破除封建迷信使群众接受新法接生、预防接种等新鲜事物，达到消灭产褥热、破伤风及其他传染病的目的。

第一助产学校根据助产教育委员会（由卫生部及教育部负责人及有关专家等组成）1930年1月23日第三次会议决议，指令本科负责训练助产师资及行政人才。为适应开展全国各省市工作需要，招收高中毕业学生。学生课程曾以70分为及格，毕业以前除在产院及出诊实习，还需到学校及产院各业务科室实习行政管理等工作，然后再到地方卫生机关及农村实习。如到北平市保婴事务所、北平市第一卫生事务所(协和医学院附设机构)、燕京大学社会系清和乡村实验区（包括乡村妇幼卫生工作）实习，使毕业生都能了解助产士在城市及乡村公共卫生工作中所处的地位，以便将来能全面适应独立管理助产学校和产院以及全面开展城乡妇幼保健工作的需要。

由于国立第一助产学校教学质量较高，许多课程都是请清华大学、北京大学、协和医学院教授担任教学，当时有很高的声誉，被称为北京八大学府之一。经过不懈的努力，从1929年至1939年十年间，国立第一助产学校各班毕业生包括本科13个班，助产士训练班4个班，助产特科（护士进修）8个班，助产士实习科5个班，助产士师资训练班一个班，毕业生255人大多数都派往各省市公立卫生机关及边远地区服务，占毕业生83.92%，只有13个人开业，占5.10%。

自1928年到1937年抗日战争爆发的9年间，杨崇瑞在卫生部负责推行全国妇婴卫生工作（名义是技术室兼任技正），兼任北平国立第一助产学校校长和南京中央助产学校校长，同时仍在协和医学院公共卫生科执教，并为北平市卫生局借用，兼任保婴事务所所长。这期间除1928年7月至9月底代表北平市卫生局赴南洋菲律宾等地考察助产教育及妇婴卫生外，她在国内视察了全国各地妇婴卫生及各省市助产教育情况。因当时经过中央明令指定她兼负责指导全国各省立助产教育工作，并且代为选派各省助产教育人才。因此，第一助产学校十年中先后在教职员中被派赴各省助产学校任助产学校校长，附属产院院长或教导主任的不下二十余人，本校毕业生留校后或直接派往各地特别是去农村开创妇幼卫生工作的则更多。如：派医师陈桂云赴陕西任省立助产学校校长；杨咏霓（本科二班毕业）任教导主任；周荣先（本科二班毕业）留校后先赴清和乡村实验区，继去北平市保婴事务所，1933年后去杨校长创办的南京中央助产学校，后被派去筹建福建省立助产学校，又到广州筹建省立高级助产护士学校。建国后派去海南岛成立海南助产护士学校，以后担任海口妇幼保健院院长。1932年杨校长曾与燕京大学社会学系副主任张鸿均商定开展乡村妇幼保健工作，派周荣先、崔润生（本科二班毕业）去燕京大学社会学系清河乡村实验区；派冯新贞（本科七班毕业）去燕京大学社会学系山东汶上县乡村实验区；派潘淑元（本科五班毕业）去上海高桥开创乡村妇幼卫生工作；派唐棣（本科七班毕业）去湖南浏阳；派宋友竹（职员）、吴瑞（本科一班毕业）去江苏泰县兴化县成立接

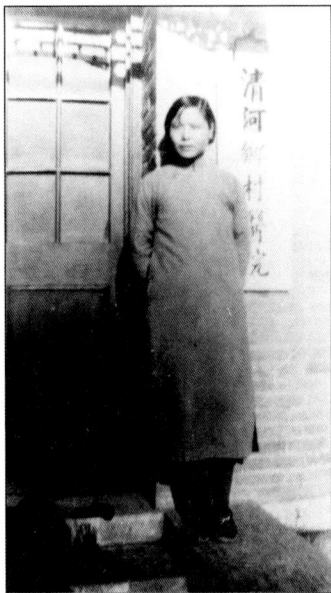

1933 年崔润生在"清和乡村医院"门前留影

生婆训练所并训练接生婆；派徐月丽(护士特科第一班毕业)去镇江；派陶岚去青海等等。个别学生如潘淑元开始不愿去艰苦的乡村工作，经过校长耐心帮助，才离开已工作了一年的母校，到上海浦东农村高桥去开展工作了。

自 1929 年至 1939 年十年间，杨崇瑞校长共创办国立助产学校两处，即北平国立第一助产学校和南京中央助产学校(另外，1937 年抗日战争前曾创建武汉国立第一助产学校分校，因抗战后迁至重庆歌乐山)，协助各省、市立、私立助产学校 54 所提高教学质量，使之都达到了在政府立案的水平，计：省立 16 处，市立 3 处，私立 33 处。培养出来的学生们在全国各地开展的妇幼卫生工作，特别是推广新法接生中起到了核心的作用。国立第一助产学校的毕业生作为骨干几乎遍及全国所有的省份。

(北京国立第一助产学校 1951 年并入北京医学院，附设产院改称北京医学院附属产院，1957 年产院由北京市卫生局接管改为东四产院，到 20 世纪末至少有 11 万人在这里降生。第一助产学校共办本科 33 个班，第 26 班为甲乙两个班，因此实为 34 个班，另有护士特科研究班等其他许多班次)

● 国立第一助产学校内的革命活动 ●

30 年代一天几个宪兵闯入附属产院要抓一个共产党员，杨校长亲自厉声对他们说："这是产院，我们肩负着保证产母和婴儿安全的职责，我们这里只有产妇，你们不能在这里抓人"。几个宪兵只好离去。

早在 1935 年国立第一助产学校师资进修班学生左奇与十班学生吴一铿等就与北京大学、中法大学学生一起参加了"一二九运动"。后左奇去解放区参加了新四军，活动在洪泽湖一带。

1947 年北京大学、清华大学学生来校宣传，学生及部分职工参加了反饥饿、反内战、反迫害游行集会活动，1948 年北京解放前夕，在学校地下党的领导下全校师生奋起反对校院南迁，组织起来保卫校院设备及财产，昼夜轮流值班(重点保卫一院和产院)。反对国民党坦克兵进驻一院操场，取得了胜利。

　　杨崇瑞亲自筹划，历尽艰辛，创建的国立第一助产学校新址，于1930年竣工（现东四产院），图为新地址平面图

1931 年杨崇瑞和全体员工合影（前排正中杨
崇瑞，左三教务主任曾宪璋，左五医务主任杨葆俊）

新型助产学校的建立，为我国培养了一大批助产教育人才。当时根据实际情况，设有本科班、师资班、研究班、助产士训练班等

附设助产士研究班第一班

附设护士助产训练班第一班

助产师资进修班毕业师生合影(第三排左四为
左奇)。此班于1936年开始办,1937年结业

· 助产师资训练班 ·

1935年10月24日助产教育专门委员会会议记录:助产师资训练班入学资格以各国立、公立及其他已立案之助产学校保送之毕业生为限,修业期为一年。由杨(崇瑞)委员草拟详细办法章程。造就一般助产士师资人才,毕业生多担任各地助产学校教务主任。1936年教育部核准,由国立第一助产学校负责开办助产师资训练班。入学资格限于公私立助产学校的毕业生和曾任教职员两年以上领有助产士证书者。

办助产师资训练班(1936年办班时称助产师资进修,学员是各地保送的已工作两年的优秀助产士,结业后回原单位)的目的是提高各助产学校的教学质量及助产学校教员水平。1939年助产教育委员会年会决议助产士可任助产学校校长职务,如:左奇由师资班毕业后担任国立第一助产学校武汉分校教务主任;杨咏霓(本科第二班毕业)任陕西西安省立助产学校教导主任,雷芝芳(本科第七班毕业)任云南喜洲助产学校教导主任;师文华(本科二班毕业)、冯新贞(本科第七班毕业)任国立第一助产学校教务主任等等。

第十班全体合影
（1935 年春季入学）

第十二班全体合影
（1936 年春节入学）

本科十六班毕业生合影

本科二十三班全体合影

国立第一助产学校实行开门办学，与北平地方卫生机关合作。杨崇瑞（中）与地方卫生机关保婴事务所职员合影。杨崇瑞兼所长

杨崇瑞（左一）与母职训练班全体学员合影。保婴事务所六项任务：一、接生婆及助产士之监察；二、孕妇婴儿之检查；三、保婴部之研究；四、保婴事业之宣传；五、婴儿生死之统计；六、母职之训练。除六项任务外每周六设节制生育门诊，杨崇瑞亲自临诊

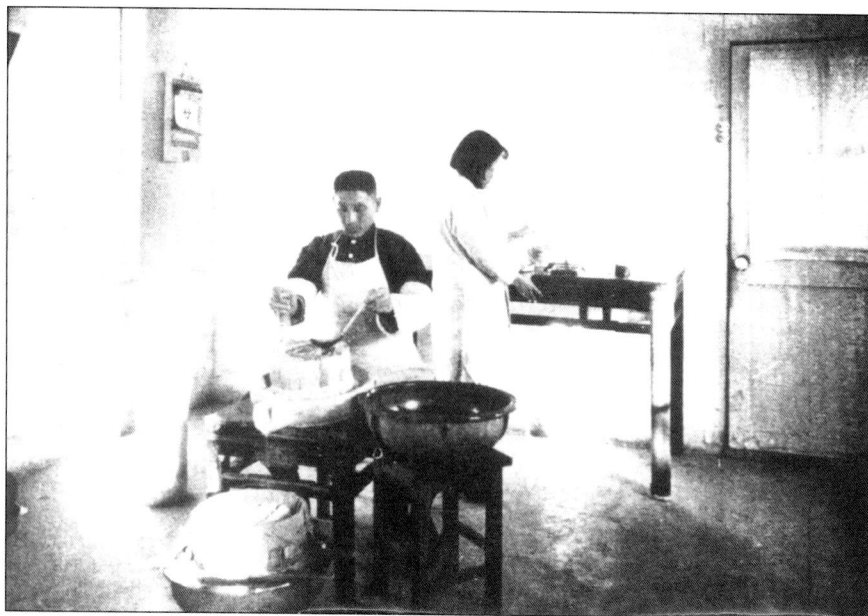

1930年5月北平市公安局保婴事务所成立,设在东四钱粮胡同甲二号。图为配制豆乳的工作室

为解决订不起牛奶的缺乳平民科学喂养婴儿, 配制豆乳出售,定价低廉,每磅5分,每月一元五角

配制豆乳与牛奶等对照表:

每100ml	蛋白质（g）	脂肪（g）	碳水化合物（g）	钙（mg）	钠盐（mg）	乳糖（g）
母乳	1~1.4	3.6~4.7				5.9~7.4
牛奶	3.0	3.0~3.2	3.4~5.0	104	104	
豆浆	1.8	0.7	0	10	3	
豆乳	2.4	1.5	1.8	23	3.2	

豆乳配方：每100ml 豆浆：①加糖 3~5 克

②加盐 0.25 克（相当于钠盐 100mg）

③加钙, 如加碳酸钙则加 0.25g（相当于钙 100mg）

如加乳酸钙则加 0.5g（相当于钙 100mg）

如加葡萄酸钙则加 1g（相当于钙 100mg）

④加淀粉适量

国立第一助产学校、一院照片

国立第一助产学校大门（交
道口南大街）和附属产院

国立第一助产学校二门

会客室、客厅

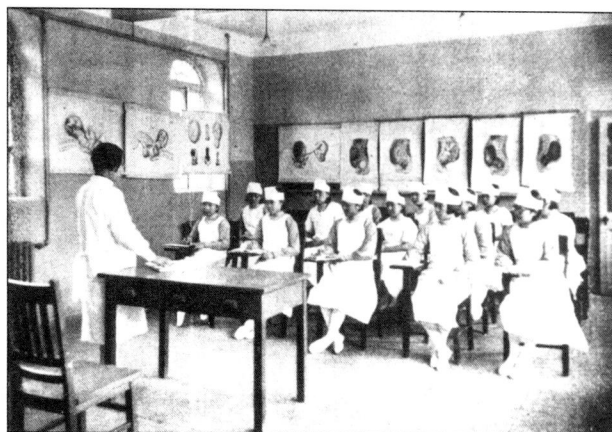

教室

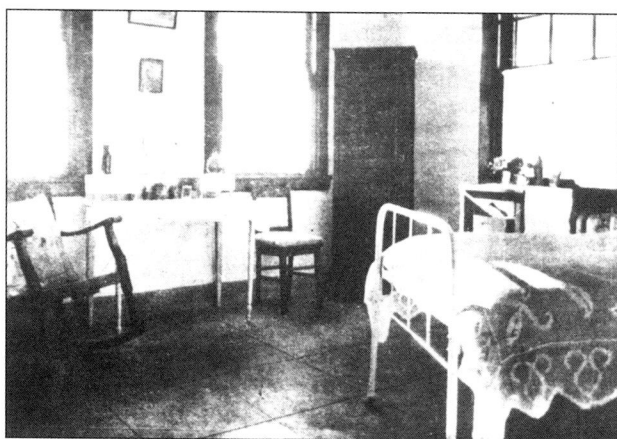

教职员宿舍

餐厅

北平国立第一助产学校二院(南兵马司)包括学生宿舍、礼堂、图书馆、教室

大门

二门

图书馆

教室

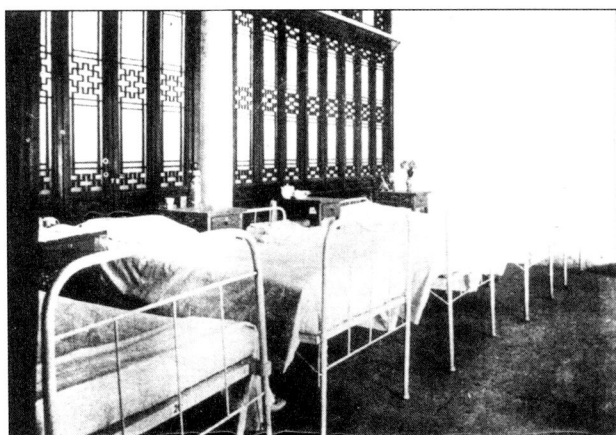

学生宿舍

学生食堂

学生疗养室

学校卫生室

大礼堂

北平国立第一助产学校附设产院门诊部

麒麟碑胡同四号门诊部大门

办事处及挂号处

候诊室

化验室

诊察室

北平国立第一助产学校附设产院住院部

进入住院部的垂花门

大病房(产休室)

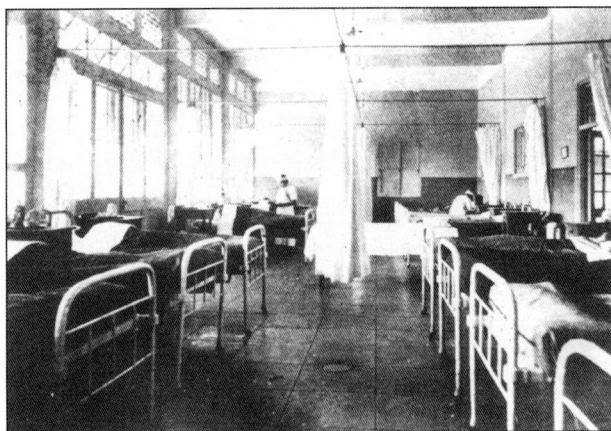

隔离室

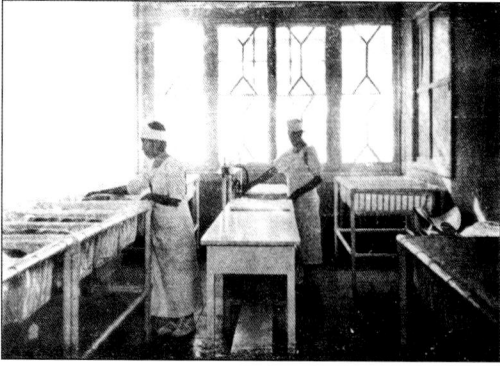

婴儿室

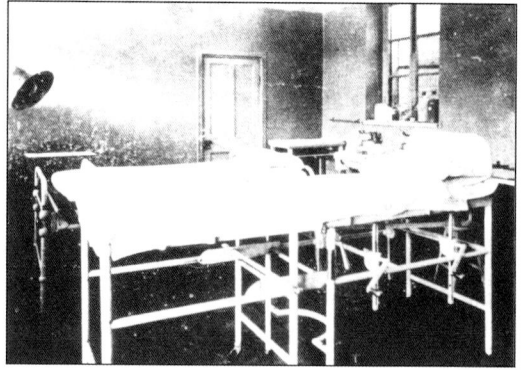

产房

消毒室

病房院内景

　　国立第一助产学校学生实行课堂教学与实习相结合。图为实习期间由教师带队去产妇家拜访

　　1933 年杨崇瑞博士创建南京国立第二助产学校后改称中央助产学校。校址在原中央医院院内,经得到国内外资助修建起造型为飞机型的新校舍楼,包括附属产院。1936 年启用,因抗日战争 1937 年冬迁到重庆歌乐山,1946 年抗战胜利后迁回。至 1962 年学生共毕业 34 届,约一千余名,分配在全国各地助产学校、医院妇产科、妇幼保健机构。最后一任副校长石雅珍为中央助产学校本科第三班毕业后入助产师资专修科第一班毕业,1963 年中央助产学校改为卫生学校

國立上海醫學院助產師資專修科全體同學攝影
三·六
於宋敎山

　　中央助产学校于1942年创办助产师资专修科，学制三年。当时校长屈锦琴兼任专修科长。学员由卫生署在各省市选派20名优秀助产士，又在重庆市招考10名助产学校毕业一年以上的助产士，共30名。教学系与国立上海医学院合办，有关课程与上海医学院医本科学生同班上课。学生享受与师范学院学生同等待遇。第一学年结束时，命令12名成绩差的退学，6名自动退学，毕业时只有12人，均由学校分配。计：南京中央助产学校2名，广西南宁助产学校2名，江西助产学校2名，中央医院妇产科2名，上海中德助产学校1名，上海市妇婴保健院1名，武昌市卫生局妇幼科1名，汉口协和医院妇产科1名。

　　该院师资专修科第二班学员10名，以后改名妇产科专修科一直办到1956年止。

　　上图为助产师资专修科第一班毕业生12人，于1944年摄

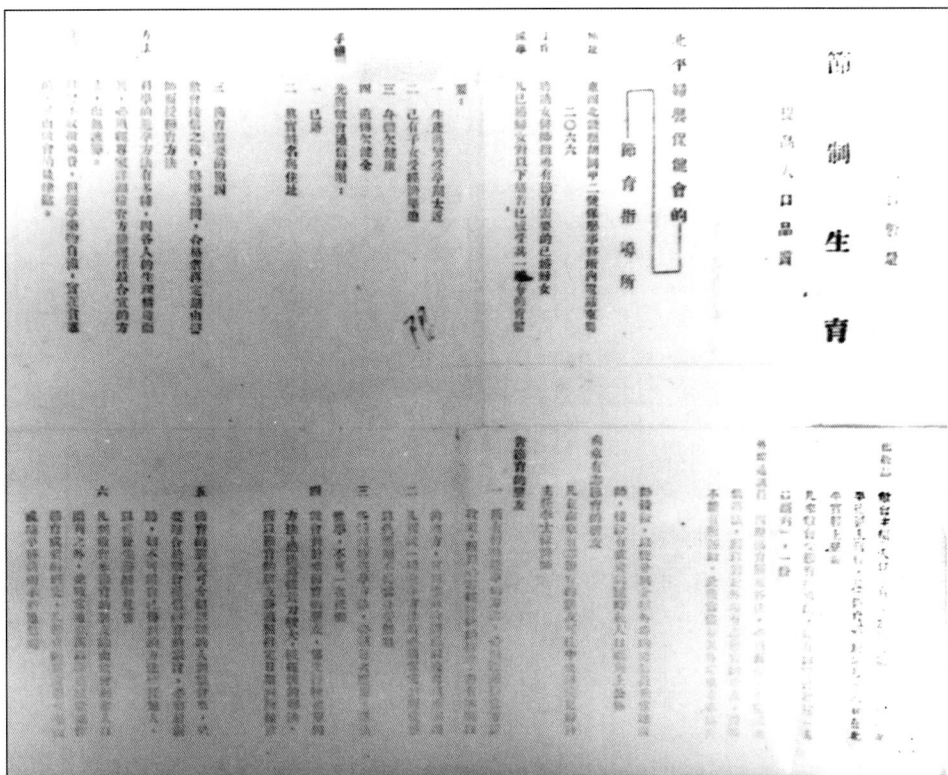

杨崇瑞远见卓识在助产教育中辛勤耕耘，并创办和领导"节育指导所"，倡导科学节育方法。她和清华大学教授陈达、燕京大学教授雷洁琼共同利用《北平晨报》的"人口副刊"等报刊宣传节育。堪称我国倡导"节育、优生"的先驱者。1933年她在东单煤渣胡同46号开设了节育咨询门诊。图为当时由杨崇瑞主编的"限制人口数量，提高人口品质"的小册子

●～～～～～～～～● "怀念杨崇瑞医师"节录雷洁琼文摘 ●～～～～～～～～●

　　早在20世纪30年代杨崇瑞医师就开始关注我国人口问题，在1933年由协和医院附属北平市第一卫生事务所杨崇瑞、清华大学社会学系教授陈达和燕京大学社会学系教授雷洁琼3人共同发起成立节制生育咨询部，开展节制生育工作。我们在北平《晨报》出版《人口》副刊，每周一次，发动有志于节制生育的学者和社会人士在《人口》副刊上发表文章，宣传节制生育的重要性，唤起广大群众对节制生育的认识，提倡少生、优生、优育。咨询部还编辑出版了宣传节制生育的图片和小册子，赠送给前来咨询的群众。与此同时第一卫生事务所也开办了节育门诊部，由杨医师担任技术指导，为妇女解决要求做节育手术的技术问题，向他们宣传节育知识，多胎生育对妇女健康、家庭经济及国家社会的危害性。杨医师在节制生育咨询部和节育门诊部对节制生育工作作出了突出的成绩，使许多劳动妇女摆脱了多

育的困难和苦恼。这是北京最早开始提倡计划生育，从事宣传和实行技术指导的实践。

∿∿∿∿∿∿∿∿∿∙ 我国最早举行的一次国际节育技术交流活动 ∙∿∿∿∿∿∿∿

　　1936 年秋，杨崇瑞以国立第一助产学校校长名义，邀请美国节制生育倡导者、全美节制生育联盟主席山额夫人来华讲学。当时她曾遍访世界不少国家，得到许多国家的赞誉和支持。杨校长和当时国内热心于"节制生育"的林巧稚大夫等请山额夫人在协和医院礼堂讲学两次，听众达 1600 多人，多为医药卫生界人员。其中有国立第一助产学校本科各班及各种训练班全体学员。讲题为"节制生育的各种措施及今后的展望"。当时国内有人持不同意见，如"世界日报"报道："有所谓的外国反动医学人士来华，拟宣传所谓节制生育……居心叵测，值得注意。"但是杨校长对这种奇谈怪论不予理采。

山额夫人照片

• 学生们的回忆 •

　　杨崇瑞不仅注重学生的学业,更注重学生的体质。经常与学生远足踏青及进行体育锻炼。上图为1936年杨崇瑞和本科第十班及实习班在南兵马司第二院合影。前排左起第五人为杨崇瑞

图为 1961 年杨崇瑞与学生合影。左为雷芝芳（第一助产学校本科第七班，1935 年 6 月毕业），中杨崇瑞，右杨咏霓（本科第二班，1932 年 6 月毕业）

杨崇瑞把国立第一助产学校毕业生像种子一样撒遍全国去开拓妇幼卫生工作，普及助产教育。她办学有方，治学严谨，毕业生们在全国各地都能按照她的教导去作，桃李不言，下自成蹊，蜚声国内外。

杨咏霓在第一助产学校十周年纪念册内回忆文章中写道："余（毕业）留校服务两载，1934 年适值开发西北，需人甚殷，遂听校方（长）派遣至西安省立助产学校，担任教务（主任），此校系初创，借用陋屋数间，学生系接收私立产校的，教学颇感困难，而地方政情又颇复杂，一时精神颓丧不堪，迭盟消极，幸校长多方函慰训勉，始挣扎渡过难关，渐入坦途。"杨咏霓坚持工作数十年如一日。

冯新贞回忆说："杨校长要把妇幼卫生事业创办到贫困落后的农村去，移风易俗，造福民众。选择了在山东汶上实验县（燕京大学社会系开办）开展妇幼卫生工作。我当时表示愿意到农村去。临走前，杨校长对我的生活待遇，待人接物，联系群众，工作态度，工作作风等方面亲切的嘱咐，教导要我谨记校训"牺牲精神造福人群"八个大字，要以百折不挠的精神，迎接任何艰难的考验，不怕碰钉子，积极开展工作，努力宣传和推广新法接生，大力降低产妇和婴儿的死亡率，在汶上实验县播下妇幼卫生的种子。1936 年 2 月，我独自一人奔赴汶上县卫生院。当时那里交通闭塞，没有公路没有交通工具，是个贫困的封建落后的地方。我步行在崎岖不平的小道上穿过村庄的时候，村里的孩子们都尾随围观，当地的妇女都还缠足，见了我都觉得稀奇。当地妇女生孩子都找接生婆接生，产妇和婴儿死亡率都很高，妇女怀孕认为是见不得人的事，谁都不愿意说。卫生院只有一个男护士，帮助那些吸鸦片的人戒烟。面对这种情况，当时我报名来农村的满腔热情被一种孤寂、胆怯的心情代替，真想回北京，回学校工作，我不由得掉下泪来。冷静下来以后，想到临行前校长的嘱咐，校训的八个大字在我的泪光中跳动，我怎么刚到汶上就要打退堂鼓呢?! 经过激烈的思想斗争，终于平静下来，比较安心的开始工作。想到校长嘱咐的"要深入到民众当中去"，于是请县里工作人员的家属作引导，一块儿到老乡家去访问，说明我是来干什么的，使她们对我有所理解。但旧的势力非常顽固，推广新法接生也不是一帆风顺的。县里一个小职员的家属怀孕了，我给她作了产前检查，满以为她可以带头找我接生，但分娩时她还是找了接生婆。我决心耐心的不厌其烦的做工作，继续不断的去努力。以后我又同燕京大学社会学系来汶上县实习的同学们一道，找老乡座谈，串门，挨家挨户，一个人一个人地做更细微的工作，广大群众才逐渐了解了妇幼卫生工作的价值，对我的看法也逐渐改变了，产妇难产主动来找我，受过训练的接生员也能按时到卫生院报告工作，婴幼儿的预防接种也开展起来了，孕妇也来作产前检查。于是，妇幼卫生工作逐步推动起来。在不到一年的时间里，杨校长亲自播种，培育的一粒小种子，在汶上县终于破土发芽了。

唐棣说：我 1935 年本科毕业，留校工作两个月后，杨校长对我说：湖南将开展农村妇幼卫生工作，你去好吗？我欣然同意了。去以前校长还亲自送我到清河镇燕京大学社会实验区，那里农村的妇幼卫生工作是第二班同学周荣先、崔润生开创的，成绩很好。我在清河实习了两个月。杨校长取出自己一年的薪金，叫我带去资助湖南农村开展妇幼卫生工作。我去的单位是浏阳县卫生院。这里的工作人员来自四面八方，但都愿意克服一切困难把卫生院开办起来。各科除筹备自己的科室外，还团结合作，互相配合，很快门诊就开展起来。此后，我们以门诊为起点，深入农户，遵循杨校长"牺牲精神造福人群"的教导，进行了坚持不懈的努力，使浏阳县的妇幼卫生工作很快开展起来！

以上事例证明杨校长和她的学生们是怎样遵循校训的教导，身体力行，为我国特别是广大农村开展妇幼卫生工作贡献了自己的力量！

冯新贞离休前为北京
协和医院护士学校校长

解除妇婴厄运

为民族增光荣

崇瑞

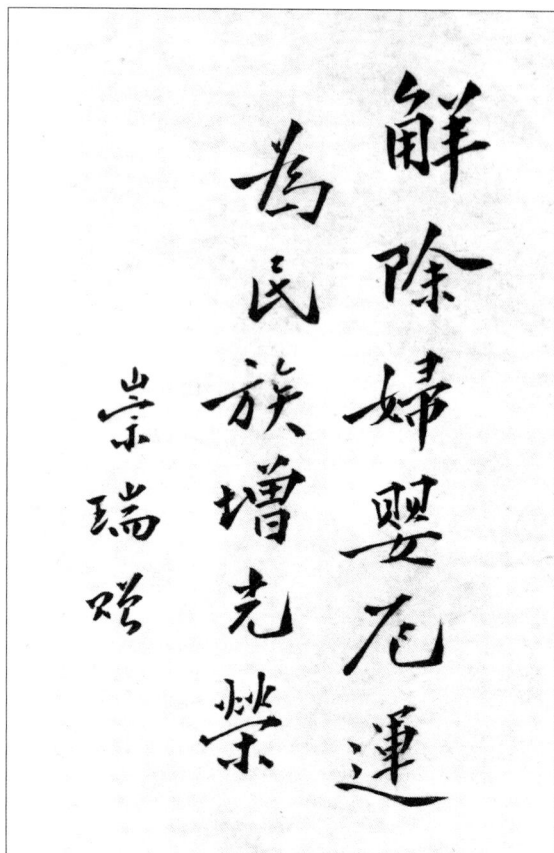

1934 年杨崇瑞亲笔为潘淑元
(本科第三班)毕业实习记录题辞

爱人如己

杨崇瑞题

潘淑元去上海高桥卫生事务
所推行妇幼卫生工作前杨校长为
接生记录册题辞(原名为高桥乡村
模范区办事处 1929 年创办,至
1934 年改称高桥卫生事务所。当
时高桥有 20 个村落)

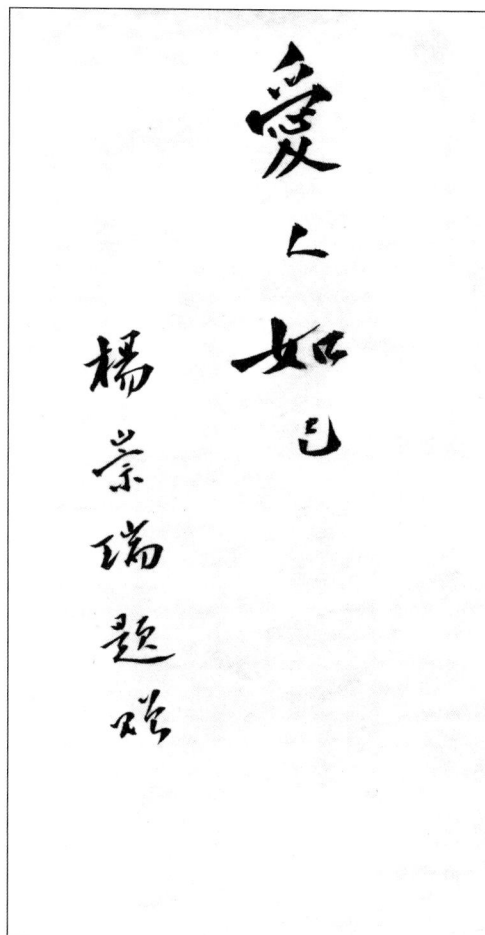

　　1937年初,杨崇瑞受聘为国际联盟妇婴卫生组专家,奉派考察欧亚各国妇婴卫生状况及助产教育。图为在埃及考察时在人面狮身像前合影。左一为兰安生博士儿子

　　在埃及考察时,于金字塔前留影。右一为杨崇瑞,右二为小格兰特

第 三 部 分

(1937~1949 年)

民族危亡关头　投身抗日

精心著撰　为妇幼卫生事业
奠定理论基础

七·七事变，杨崇瑞正在国外考察，知道消息后，焦灼万分，急奔回国直抵武汉，参加了红十字会医疗队。并立即成立了国立第一助产学校分校，由江兆菊任校长，左奇任教务主任。后迁到重庆歌乐山。图为着红十字会制服的杨崇瑞

抗日已转入持久战。杨崇瑞在贵阳、重庆、成都、兰州等地引导组织开办妇幼卫生机构，并兼任贵阳医学院教授。图为1938年6月9日辗转经北碚至重庆途中

• 一次妇女抗战救亡统一战线会议 •

　　抗日战争爆发后，1938 年 5 月 20 日，宋美龄在庐山召开妇女谈话会，商讨如何开展抗战时期的妇女工作，邀请全国妇女运动的领导人以及各界妇女著名人士参加，这是一个全国妇女抗战救亡统一战线会议。以邓颖超同志为团长的陕甘宁边区妇女联合会参加了谈话会。我和熊芷作为江西省妇女生活改进会负责人应邀参加了谈话会。杨崇瑞医师是著名的妇幼卫生保健医师，她应邀由重庆前来参加谈话会。参加谈话会的还有李德全、沈兹九、史良、吴贻芳、邓裕志、俞庆棠、刘清扬、高君珊、张素我等人

——以上节录自雷洁琼"怀念杨崇瑞医师"

图为谈话会部分人员照片，后排左起第 5 人为雷洁琼

　　1939 年在重庆帮助筹划儿童保育院医药方面事宜，又为成都筹组保婴事务所三所。图为杨崇瑞和助手的合影。前排中间为杨崇瑞

　　1939 年底患伤寒。1941 年 6 月赴美，一面考察妇婴卫生；一面检查疾病。在美国，再入妇产科进修。图为在美国住处（1941 年）。中间为杨崇瑞

珍珠港事件后，1942年10月杨崇瑞才得以回国。又投入紧张的筹划成立西北地区妇婴保健所。短期内相继在四川璧山县和遂宁县筹组妇婴保健所，是初次在乡间开办小产院。图为在璧山县妇婴保健所留影。后排正中为杨崇瑞

杨崇瑞（中）与兰州助产学校校长陈桂云，教务主任杨咏霓在兰州实地考察。在抗战的大后方坚持不懈地开展妇婴卫生工作，付出了极大的心血

沈其震同志

新四军中的妇幼卫生工作

　　沈其震同志 30 年代在协和医院与杨崇瑞相识,抗日战争时期他在新四军任卫生部长。杨崇瑞博士认为做好妇婴卫生工作,也是增强国防力量,争取抗日战争胜利的一项重要措施。为了开展解放区的妇幼卫生工作,她把自己编写的《妇婴卫生学》等托人秘密送到解放区,成为解放区不可多得的卫生教材。于是沈部长要新四军四师卫生部长齐仲桓着手训练妇幼卫生干部。经淮北区党委书记兼新四军四师政委邓子恢决定:培训淮北地区作妇救会工作的女同志,使他们学会新法接生技术及喂养婴幼儿知识。培训班设在淮宝县仁和集第三休养所,开设十张床由所长左奇负责培训,接收本地区广大农村孕产妇及部队的孕产妇,降低因产褥热及新生儿四六疯(破伤风)的死亡率。

赵霁春同志的回忆

我于1939年参加革命,在淮北地区作地方工作。后与张震寰同志(北京大学学员,参加过一二九运动)成为亲密战友,并于1943年结婚。婚后思想很矛盾,主要是怕有了孩子影响工作。特别是看到在战争环境中,由于日本鬼子残酷扫荡,物资供应十分困难,缺医少药,妇女生孩子非常艰难痛苦,更加重了我的思想负担。这时,四师卫生部在淮宝县仁和集成立了后方休养所,由左奇同志任所长,她是杨崇瑞博士开办的国立第一助产学校的毕业生,对科学接生很有经验。我的思想顾虑打消了。

1944年7月31日我顺利地生了一个女孩。左奇所长很负责任,但也很严厉,她根据当时的特定环境定了三不准:①不准到休养所去看其他同志[注1];②不准把孩子送给老百姓喂养,要自己喂养;③不准吃本村的鸡蛋[注2,]。这似乎太不近情理了,但后来我们才知道完全是为我们好。

一个月后,因怕影响工作,我把孩子送到老百姓家。仅半个月孩子的眼睛睁不开了,经常哭。我只好把孩子又接了回来。在左所长和同志们的帮助下,孩子健康地成长,现已58岁,在长城公司工作(现任计算机集团公司副董事长)。

注解:(1)当时休养所有肺结核、肝炎。
　　　(2)本村鸡有鸡瘟。

赵霁春

2002. 3. 8

　　1948 年 10 月杨崇瑞被聘为联合国世界卫生组织妇婴卫生组
担任副组长。图为杨崇瑞为助产学报创刊题词"妇婴万岁"影印件

抗战胜利以后,1946年1月,杨崇瑞回到离开8年的北平,着手恢复京沪平津等市妇婴卫生工作,并接管恢复国立第一助产学校。图为杨崇瑞(前中)抵北京时于机场留影

杨崇瑞不仅在实践中做到身先士卒独身奋斗，开创的妇婴卫生和助产事业，取得了可喜的成绩，多次被联合国国际卫生组织聘为国际妇婴卫生专家。在这近二十余年的期间，杨崇瑞善于总结经验，用理论指导妇婴工作，主要著作有：

1924年产褥期白血球的加增（英文）中华医学杂志

1928年助产士的训练及助产教育（英文）中华医学杂志

1930年助产教育的实施及管理（英文）中华医学杂志

1931年中国儿童卫生概论（英文）中华医学杂志

1931年死产及新生儿之死亡调查（英文）中华医学杂志

1931年婴儿死亡及其死亡原因（英文）中华医学杂志

1940年妇婴卫生纲要第一版（45年第三版）中文单行本

1931——1946年家庭卫生及家政概要（一五五版）（中文）

1941年妇婴卫生的过去及现在　（中文）

1946年　过去三十年中的妇婴卫生　（中文）

1945年妇婴卫生学（助产学校教材）　中文单行本

1947年孕期及产后卫生摘要（翻译）　中文单行本

　　杨崇瑞博士不仅在实践中身先士卒，独身奋斗，开创了妇幼卫生和助产事业。而且能不断总结经验，用理论指导妇幼工作，扩大影响。这期间主要著作见上表格

+·+·+·+·+·+·+·+·+·+·+·+·+·+·+· 美国出版的书中谈杨崇瑞 ·+·+·+·+·+·+·+·+·+·+·+·+·+·+

Western Medicine in a Chinese Palace

Peking Union Medical College, 1917 – 1951

JOHN Z. BOWERS, M. D.

The Josiah Macy, Jr. Foundation

美国人 JOHN Z. BOWERS, M. D. 在 1972 年写了一本书，书名为"Western Medicine in a Chinese Palace Peking Union Medical college（西方医学在中国的一座宫殿）1917～1951"。其中有三个篇章记述了当时杨崇端开拓妇幼卫生工作的有关情况，并附有照片（见下页）

---

118 / WESTERN MEDICINE IN A CHINESE PALACE

therapy whatsoever. The study also demonstrated the dominance of traditional medicine: 48 per cent had been treated exclusively by native practitioners; only 16 per cent could be described as having been treated with modern medicine.

The program in maternal and child health was led by a remarkable woman, Marian Yang, who after graduation in Britain had taken postgraduate training at the Johns Hopkins School of Hygiene and Public Health. G. Canby Robinson, a visiting professor in 1935, described her as having "qualities of greatness."[23]

At the beginning of Marian Yang's program a survey was made of maternal and infant mortality in the special health area; the results gave evidence of the overall situation of China: the maternal mortality rate was 17.6:1,000 population compared with 3:1,000 in England, 4 in Japan, and 5 in the United States; the infant mortality was 275 compared with less than 75 in both the United States and England. The principal cause of maternal mortality was puerperal infection; of infant mortality, tetanus neonatorium.

Tetanus neonatorium was the constant enemy of every newborn: it was estimated that 50 per cent of the babies born in China died from the disease. The practices of the untrained midwives were appalling: they would sever the cord with any sharp tool lying about or, if none was available, with their teeth; the stump of the cord was then covered with dirt to arrest bleeding, or compressed with a filthy rag. If a woman had difficulty in delivering the baby, as in a deformed pelvis of osteomalacia, the midwife would insert hooks or charred tongs into the vagina in an effort to exert traction on the fetus.

The wretched practices of the untrained midwives were brought out strikingly by J. Preston Maxwell, head of the Department of Obstetrics and Gynecology:

> In a village not very far from Peking, there is a Chinese home for recuperation. She is deformed, and walks about on her hands and feet. She has been seen to raise herself from this position, wipe her hands on her clothing, and proceed to make a vaginal examination without any further preparation. So, over there is no attempt made by these women to keep their hands clean, and we have had cases under our care with the vaginal walls torn up by the nails before they came into our hands. One is only surprised that the results are not higher than they are.[24]

While there were only 500 trained midwives in all of China, there was estimated to be at least 200,000 untrained midwives. The first move toward attacking the shockingly high infant and maternal mortality rates was to train midwives. J. Heng Liu, who by now was with the Ministry of Health, organized a National Midwifery Board on January 28, 1929, to promote midwifery education and to advance the standards of midwifery.

On November 1, 1929, under the auspices of the Peking municipal government and in relationship to the Special Health Station, Marian Yang opened

Western Medicine in a Chinese Palace 一书摘译

有关妇幼保健项目是由一位不平凡的妇女即杨崇瑞所领导。杨曾在英国受教育(实际是在北京协和女子医学院一九一七年毕业荣获医学博士学位),然后在美国约翰·霍普金斯大学卫生学院进修。1935 年在该学院任访问教授的鲁滨孙博士称杨崇瑞为一位拥有伟大气质的人物 (当时杨崇瑞是协和医学院妇产科医师)。

在杨崇瑞事业开始前,(她) 在某一地区的调查表明, 当地的孕产妇死亡率为 17.6‰(英国是 3‰,日本 4‰,美国为 5‰),婴儿死亡率为 275‰,而在英美等国都在 75‰以下。孕产妇死亡的主要病因是产褥热,婴儿死亡的主要原因是新生儿破伤风。这项局部调查可能对当时全中国的状况有代表性。

新生儿破伤风是新生儿的大敌,据估计,约 50% 的中国新生儿死于这个原因。未经培训的旧接生婆的作法非常可怕:她们用任何顺手可得的锐利的东西切断脐带,如找不到可用的东西就用牙咬断脐带。用于脐带止血的,可以是尘土或一块旧布。如果遇到因骨盆变形或骨软化症引起的难产, 产婆们甚至用铁钩或钳子把胎儿拉出。

当时在协和医院任妇产科主任教授的马克斯威尔曾这样形容旧接生婆接生时的恶劣作法:"在一个离这里不远的村庄, 有一位有一定威信的接生员,她患有残疾,需要跪地爬行。曾有人见到她从跪地的位置站起来,用衣服擦擦手,然后不经任何进一步的准备,便把她的脏手放进阴道。此外, 她们也从不剪指甲。我们见到过经我们医治的妇女的阴道,被这种肮脏的指甲抓破的例子。"

当时全中国只有约 500 名正式受过培训的助产士,而未受到培训的产婆有 20 万。为

了降低可怕的母婴死亡率, 首要的任务是培训产婆。当时任职卫生部的刘瑞衡(部长)就在 1929 年 1 月 28 日(应为 23 日)(会同教育部)任命成立一个国家级的助产教育委员会,以促进和改善助产技术。

1929 年 11 月 1 日, 在北京市政府的赞助和北京卫生事务所的协助下, 杨崇瑞创办了第一座现代化的(北平国立第一助产)学校来培养(高级助产士及培养)护士助产术。她同时勇敢地制订了为旧式产婆学习无菌操作的特殊教程。培训结束后,发给每位产婆一个接产包,内有必需的器械、药物和敷料,使她们能按照所学的方法和原则来开展工作。

当时任北京卫生事务所格兰特助手的彭太谋 (1933 年协和毕业) 回忆说由于杨博士的培训计划, 带来了使人印象深刻的母婴死亡率的下降,使刘瑞衡在公共卫生事业方面,对妇幼卫生更加重视。

杨崇瑞的另一个全国助产教育计划, 使联合国的科努得·法伯先生形容为"非常有效的工作。"在这个计划里, 她建议在全国 5 所师范学校里,建立一个两年制的培训计划,培养出"质量"型助产士。第一年主要学基础理论,第二年必须至少为 25 名产妇接产并进行产褥期护理。此外,在各省建立助产士培训中心, 经过半年教育, 培养出"数量"型助产士。各地区还要为旧式接生员进行教育。杨崇瑞还有计划的在城市每个警区, 设立专门为贫困人口进行产前产后服务的保健站,接产工作由与这些保健站有联系的助产士处理。这样一个雄心勃勃的计划, 只能逐渐缓慢地发展。但此时,杨博士所倡导的特殊保健站的开拓性计划,已被全国所认可。

摘自 Western Medicine in a Chinese Palace 书中的插图

杨崇瑞（左三）与兰安生博士（右四）及公卫系同仁合影

旧式接生婆在第一助产学校培训结业后离校

建校初期，工作千头万绪，杨崇瑞工作效率极高，很快就使学校正常运转。图为杨校长在办公

第四部分

(1949～1958 年)

放弃优厚待遇　毅然回国

为新中国妇幼卫生事业奋斗不渝

1950年杨崇瑞被任命为卫生部妇幼卫生局(司)局长

　　司　　长　杨崇瑞(女)　政务院1950年9月8日第49次政务会议通过任命，1954年11月6日再次任命。卫生部1954年11月6日以(54)卫人诚徐彪字第509号文通知任命。国务院1955年4月21日第9次全体会议通过。中组部1979年(79)干任328号批准任局顾问。卫生部1979年11月21日以(79)卫政字第1653号文通知任命

1954年卫生部苏联专家与妇幼司长杨崇瑞（中）、副司长黄静汶（前右一）及栗秀真（后左一）等同志游长城（此照片为苏联妇幼专家列兹乌姬娜所摄）

杨崇瑞1948年准备回国参加新中国建设时在美国大街上与友人合影

杨崇瑞局长毕生为公共卫生妇幼卫生助产士教育作贡献！

黄静汶（92岁）

二○○二年三月

中华人民共和国成立，杨崇瑞满怀爱国热忱，毅然放弃了优厚的待遇和世界卫生组织妇婴卫生组副组长的要职，于1949年11月初回到北京，受到毛主席、周总理的接见，使她终身难忘。图为她考虑全国妇幼卫生工作计划时的手记

本科二班学生1932年毕业，1950年返校与卫生部部长
李德全及杨崇瑞合影
　　前排左起第二人为杨崇瑞，后排右一李德全，右二左奇

全國婦幼衛生座談會　一九五〇年八月二十日

　　新中国成立之初,百废待兴,百业待举。1950年8月20日担任妇幼卫生局局长(后局改司为司长)的杨崇瑞立刻投身于新中国妇幼卫生事业中,亲自主持召开了全国妇幼卫生工作座谈会,确定了在全国范围内,首先以推广新法接生和新法育儿为当时主要任务。图为参加座谈会的全体人员合影,前排左起第4人叶恭绍,第6人左奇,第7人朱连,第8人为康克清,第9人杨崇瑞,第10人李德全,第11人陈桂云,第13人叶式钦。二排右2周萼芬,右7杨咏霓

　　杨崇瑞主持制订了全国性的宏伟的妇幼卫生工作计划。她说:"旧社会办不到的事,新中国能办到"。根据她的建议,建立中央妇幼保健实验院、儿童卫生研究所,举办了全国妇幼卫生行政干部训练班、保育干部训练班等。新中国的妇幼卫生队伍先后在全国各省市自治区迅速发展起来。在全国建立起妇幼卫生保健网,省有妇幼保健院,专区有妇幼保健所,县有妇幼保健站的三级保健网。实现了她多年的宿愿。图为1951年10月,高、中级妇幼卫生干部班第一期学习班开学时合影

　　至 1957 年,改造和新训练接生婆、接生员 66 万人;妇幼保健员 9000 多人;助产士由 13000 多人增加到 35774 人。图为 1953 年妇幼保健实验院、妇幼卫生干部人员训练所、妇幼卫生行政干部班第二期毕业典礼

　　杨崇瑞与医务界朋友在一起。左起：严仁英、林巧稚、胡传揆、杨崇瑞、林
崧、陈文珍

由于全国妇幼卫生工作的大力开展,在建国初期短短几年里,危害我国妇女和儿童健康最严重的产妇产褥热和新生儿破伤风的患病率大幅度下降,在降低孕产妇及婴儿死亡率方面取得了可喜的成就。成为新中国妇幼卫生工作中的一面光辉的旗帜。图1、2仅是北京市的情况。从这两个统计数字来看,杨崇瑞博士制定的工作计划和推行方法,取得了预期的效果,成绩是显著的。

北京市新生儿婴儿死亡率统计 1949—1959年
（北京医药卫生史料）北京日报社 1964年

年份	早产儿死亡率‰ 以1951年为100	新生儿死亡率‰ 以1951年为100	婴儿死亡率‰ 以1951年为100
1949			100.0
1950			81.3
1951	100.0	100.0	73.3
1952	95.0	81.6	55.9
1953	92.7	71.6	50.4
1954	80.6	62.0	39.2
1955	63.7	47.7	37.8
1956	81.3	40.7	29.8
1957	50.6	40.1	30.1
1958	30.9	38.6	32.2
1959	35.6	35.5	29.8

北京市产妇死亡率统计 1949—1958年
（北京医药卫生史料）

年份	以1949年产妇死亡率为100%
1949	100.0
1950	34.3
1951	18.6
1952	7.1
1953	10.0
1954	7.1
1955	5.7
1956	7.1
1957	4.3
1958	1.4

　　在党和政府的关怀和领导下，杨崇瑞所开创的我国妇幼保健事业取得了巨大的成就。婴儿及产妇死亡率大幅度下降。用联合国儿童基金会执行主席詹姆斯·格兰特的话说："目前没有一个年收入和中国相当的国家达到如此水平。"杨崇瑞多年的夙顾在新中国得以实现。下面是1924年与1987年婴儿、产妇死亡率比较表。

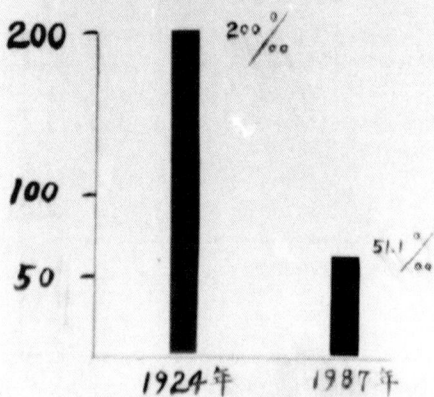

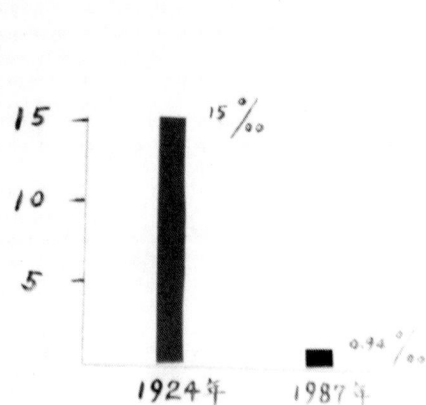

婴儿死亡率比较

200
200‰

100

51.1‰
50

1924年　　1987年

产妇死亡率比较

15
15‰

10

5

0.94‰

1924年　　1987年

六年來婦幼衛生工作概況

杨崇瑞

（一）

全国的妇幼卫生工作是在卫生工作四大方针——面向工农兵，预防为主，团结中西医，卫生工作与群众运动相结合——的指导下开展起来的。在中国共产党和人民政府的领导下，在妇幼卫生工作上首先提出的任务是新法接生（即无菌的方法接生），这是根据旧中国每年出生多、疾病多、死亡多，而尤以产妇和婴儿的死亡为最多的情况提出的。按1948年南京的统计，产妇死亡率为13‰，其中死於产褥热的约佔半数，若按这个数字来估计，全国产妇的死亡每年约30万左右。按1941年成都的调查，婴儿死亡率为126.5‰，其中死於破伤风者佔1/5，全国每年估計新生兒死於新生兒破伤风的就有100万左右。这两种死亡都是非常惊人的，同时这两种死亡又是现代科学已經可以控制和预防的；可是由於我国人口众多，地区辽阔，医务人員缺乏，为了适应这种情况，推行新法接生工作，除医学院校陸續培养高級和中級医务人員外，各地培训了初級人員，如训练接生員、改造接生婆约30余万人，并积極恢复和建立综合和专業机構，把这些接生員组織起来，在妇幼保健机構的领导下进行工作。在这短短的六年中，由於党的正确领导，妇产科同人的努力，在全国人民的支持下，新法接生已逐步地获得推广。目前全国产妇死亡率及婴兒死亡率已显著下降，例如北京市1949年产妇死亡率为7‰，1955年为0.4‰；1949年婴兒死亡率为117.6‰，1955年为44.5‰，因而旧中国在妇幼健康上遗留下来的落后状态已获改变，出現了新的面貌。

（二）

1953年在普及新法接生的基础上，我们提出了新法育兒，也就是说以合理的方法来养育兒童，使兒童得到全面發育和成長。这个新的兒童保健工作，也是卫生工作中最得力、最繁重的一项工作，由於过去毫无基础，所以首先着重调查了民间旧法育兒，吸取好的，排棄坏的，并編写各种兒童保健的宣傳小冊，宣傳新法育兒的常識，通过这些宣傳，开展了新法育兒。在开展工作的同时，特别对危害兒童健康最大的疾病如麻疹、腹泻、感冒、肺炎、猩红热等加强了預防。仅白喉預防注射1954年全国注射人數达1030万余人。根据几年来的努力，全国麻疹病死率已由1950年8.6%到1954年降低到1.8%；猩红热病死率由1950年17.8%至1954年降低到3.5%；据20个城市统计，婴兒死亡率已下降到46.8%（1954年）。

建国以来，託兒所事業的發展很快，尤其在工業部門更快，因之託兒所内的兒童保健工作需要非常迫切，我們蒐收集了各方具体經驗，並在苏联专家协助下制定了託兒所生活日程，經过几个託兒所试点成功，现在已扩大推广。此外还和建設工程部門共同拟訂託兒所、幼兒園房屋建設典型圖样。为了明確託兒所和幼兒園的领导关系，曾經卫生部与教育部、内务部於1956年2月22日發出联合通知，今后託兒所保健業务由卫生部門具体领导，幼兒園的保健工作由卫生部門給以具体指导。除集体兒童外，对散居兒童的保健工作，在城市中逐年增設兒童医疗預防专業机構。在北京、上海、天津、广州等地均先后建立了兒童医院，床位數字1955年已增加到1300余張，比解放前仅有139張增加了9倍强。在上海、旅大、武汉、鞍山等22个城市更建立了兒童保健所。

（三）

妇幼卫生工作是保健事業中的一个重要环节，也是一般保健工作的基础。这一工作的实施必须使医疗与预防工作結合起来。过去妇幼卫生工作者为了扭轉单純治疗的偏差，把重点放在預防工作，而忽略了临床治疗工作，因為

* 本文曾在中华医学会十届全国会员代表大会和科学会議文件会上宣讀过。

　　杨崇瑞知识渊博，文化素养深厚，勤于总结实践经验，进行理论研究。她及时写了《六年来妇幼卫生工作概况》在中华妇产科杂志1956年第3号发表。论述了旧中国在妇幼健康上遗留下来的落后状态已得到根本改变，出现了崭新的面貌。图为小册子原件

第 五 部 分

蒙受冤屈　仍心胸坦荡

平反昭雪　为妇幼卫生事业献身

正当杨崇瑞把全身心致力于我国妇幼卫生事业的时候,1957年"反右"扩大化,她因主张节育,赞同马寅初先生的"新人口论"的观点,遭到批判被划为"右派分子"。杨崇瑞蒙受了不白之冤,被扭曲人格,晚年的工作受到很大挫折,被安排在中华医学会做编辑工作。"文革"中身心又受到摧残,直到党的十一届三中全会之后,1979年沉冤才得到彻底平反昭雪。

杨崇瑞被错划右派后,情绪依然稳定乐观。在她上社会主义大学学习时曾与杨光同志说:"我在梳辫子"意在清理思想,以利再战。她还招潘淑元(中)从上海来北京帮她整理书稿材料。图为当时与左奇三人照片,右为杨崇瑞,中为潘淑元,左为左奇

　　她的右派问题被彻底改正后，唯一的要求仍然是要工作。经卫生部党组报请中组部批准，聘请她为妇幼卫生司顾问。上图为诸福棠等老友祝贺她时的留影。右一为诸福棠，中为杨崇瑞。下图后排中为诸福棠，前排中为杨崇瑞，左二为胡亚美

　　她虽已耄耋之年，仍十分注重学习马列主义、毛泽东思想，热爱中国共产党，热爱社会主义。图为学习时情景

　　杨崇瑞参加第五届全国政协第三次会议，受在京校友委托，提出发展助产教育的提案。此照片为会议休息期间，康克清（左一）和杨崇瑞（中）在一起

国外友人来访时，她不顾年迈，依然热情宣传我国妇幼卫生工作取得的伟大成就（图为台湾同胞为她所摄）

杨崇瑞心里装着中国的儿童，自己却一无所求。她的生活很俭朴，却把积蓄的六万多元捐献给了国家。国外有两所大学曾准备授予她荣誉学位，她没有接受。对方来信表示歉意，并说："你们中国人不计个人的名位，而重视的是国家的、集体的荣誉。"

原国立第一助产学校50周年同学会合影 1980.9.21.

　　1980年杨崇瑞（二排左七）和百余名学生及个别老职工，为庆祝国立第一助产学校建校50周年在原校址合影

　　当时原校址为北京市东四妇产医院，院长闻莲清（原第一助产学校本科二十三班毕业），副院长孙静修（原第一助产学校本科二十九班毕业）

杨崇瑞90岁生日时,与亲属的孩子们在一起

杨崇瑞与来看望她的学生张平和等人,畅谈新中国妇幼事业的前景

　　杨崇瑞博士一生独身未婚，她曾答记者说："我和妇幼卫生事业结了婚，全中国的儿童都是我的孩子。"

第 六 部 分

沉痛的哀思

无尽的怀念

中国近代妇幼卫生事业的创始人——杨崇瑞博士于1983年7月20日因病不幸逝世,享年93岁

治丧委员会主任委员朱学范,副主任委员崔月犁、钱信忠、杨拯民、茅以升、黄甘英、白希清、雷洁琼

邓颖超、康克清、朱学范等送了花圈。参加追悼会共有 400 多人

卫生部副部长郭子恒致悼词

各界著名人士黄鼎臣、杨拯民、贺彪、黄树则、沈其震、张孝骞、钟惠澜、胡传揆、严仁英等杨崇瑞的亲属、学生及生前友好也参加了追悼会

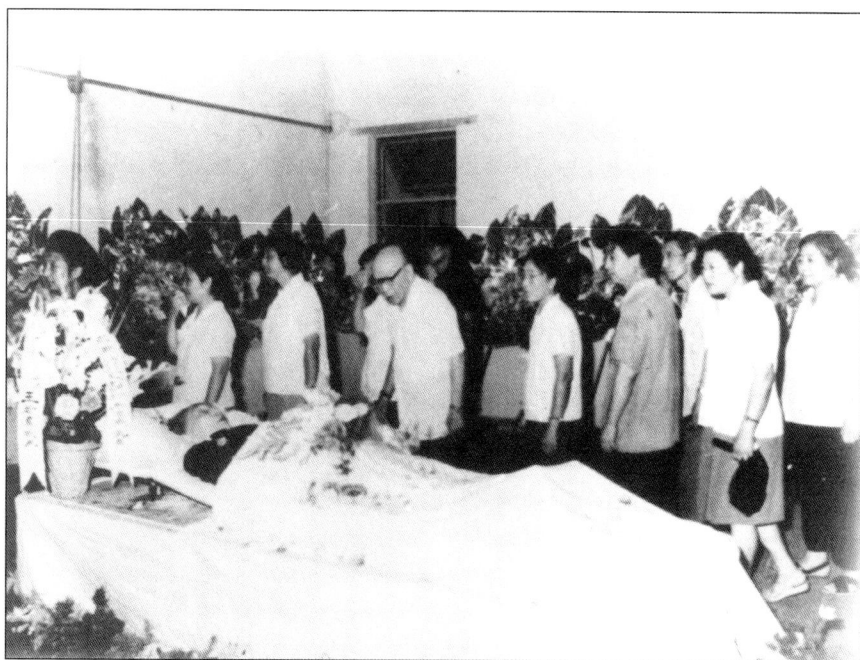

向遗体告别

渔 家 傲

——痛悼杨崇瑞同志

沈其震

再过七年臻上寿，
何期此日真无救，
桃李盈门思雨露，
谈成就，
庸人自扰揪批斗。

弃锦还乡如脱兔，
委身妇幼情依旧，
喜上功名轻拂袖，
铭座右，
浮云蔽日终将昼。

1983 年 8 月

怀念敬爱的杨崇瑞校长

日寇猖獗时世艰；　　忧国爱民返武汉。
长江浪滚集知音；　　壮志豪情建校园。
著书岂为求名利；　　终生奋斗为妇婴。
育人桃李遍天下；　　碧血丹心献中华。

　　七七事变后，杨崇瑞校长毅然从国外返回中国，并于1937年11月到武汉着手建立国立第一助产学校武昌分校。任命协和医院妇产科医生江兆菊为校长，左奇为教务主任。从武汉撤出后，分校迁到四川歌乐山，招收了一班学生约40名，继续学业。我于1938年10月离校参加新四军。

左 奇　2002年3月29日

　　1988 年 4 月 20 日，北京医科大学校友总会国立第一助产学校校友分会成立。主任严仁英，副主任左奇。图为北京医科大学党委书记彭瑞聪在成立会上讲话

杨崇瑞基金会条例

一、宗旨；二、基金来源；三、奖励对象
四、奖励要求；
五、杨崇瑞基金会组成：基金会理事
长：严仁英 副理事长：王凤兰、左奇、
冯新贞、王光正、汪甫传、闻莲清。
理事（按姓氏笔划排列）：于咏秋、王
光正、尹秉懿、韦应凝、左奇、冯新贞、关馥
宜、孙静修、严仁英、陈文珍、李芹、李虹、何
庆兰、汪甫传、张焕春、张孝聪、张颐远、柴霭、
蕴琳、唐棣、邬中方、闻莲清、崔润生、陶霆、
路进兰、魏淑英。
六、杨崇瑞基金会办公室地点：北京
市东四妇幼保健院（原国立第一助
产学校附设产院）。
地址：北京东城区交道口南大街136
号。
联系人：孙静修
电话：4015188

1989年3月10日，理事会通过。

1989年3月10日成立杨崇瑞基金会，主任严仁英，副主任左奇

　　1989年6月28日，卫生部妇幼司召开杨崇瑞博士生前捐款移交仪式，将捐款移交给北京医科大学校友会国立第一助产学校校友分会组织的杨崇瑞基金会管理。图为移交会议上部分人员，左起第二人为左奇(校友会副主任、基金会副理事长)，第四人为卫生部原部长钱信忠

1991 年 9 月 6 日，中央卫生部、北京市卫生局、杨崇瑞基金会、国立第一助产学校校友会在人民大会堂举行了"杨崇瑞博士诞辰一百周年纪念大会"。全国人大副委员长陈慕华、雷洁琼，各有关单位领导，联合国儿童基金会代表索勒、撒拉和世界卫生组织驻华机构的代表基恩，杨崇瑞博士的生前友好、学生及在京的妇幼卫生工作者约 500 人出席了大会。

会上联合国儿童基金会执行主任格兰特派代表讲了话。卫生部陈敏章部长在大会上发表了讲话，号召卫生系统学习杨崇瑞博士热爱党、热爱祖国、热爱人民、热爱社会主义的高尚品德，对事业执著追求、坚贞不渝的奉献精神，献身于实现四化、振兴中华的宏伟事业。大会还为第一批杨崇瑞奖金获得者颁发了证书和奖金。

获奖者四人。

杨崇瑞基金获奖名单

1. 严仁英　北京医科大学妇儿保健中心主任，妇产科教授
2. 周荣先　海南省海口市妇幼保健院院长
3. 项吉措　青海省黄南藏族自治州兴扎县妇幼保健站站长
4. 孙杏果　河北高邑县坊珊乡卫生院妇幼保健医生

附：1. 纪念大会日程安排
2. 卫生部长陈敏章邀请函（邀请詹姆斯·格兰特参加纪念大会）、复函英文原件及译文。
3. 索勒·撒拉代表格兰特讲话英文原稿及译文摘要。
4. 陈敏章部长讲话稿。

附1

杨崇瑞博士诞辰一百周年纪念大会
日 程 安 排
（一九九一年九月六日）

9:00 – 9:05　大会开始。主持人:卫生部副部长何界生

9:05 – 9:30　卫生部副部长孙隆椿介绍杨崇瑞博士生平

9:30 – 9:40　联合国儿童基金会驻华代表索勒·撒拉讲话

9:40 – 9:50　原卫生部妇幼司司长、中国计划生育协会副会长林佳楣讲话

9:50 – 10:00　妇幼卫生界代表、北京市东城区卫生局长李东方讲话

10:00 – 10:10　王光正代表第一助产学校校友会及家属讲话

10:10 – 10:20　杨崇瑞基金会副理事长王凤兰宣布杨崇瑞基金获奖名单 [严仁英(北京)、周荣先(海南)、项吉措(青海)、孙杏果(河北)]

10:20 – 10:30　领导同志颁奖

10:30 – 10:40　杨崇瑞基金获奖代表严仁英讲话

10:40 – 11:00　卫生部部长陈敏章讲话

此盘为纪念杨崇瑞博士诞辰100周年特制的雕漆盘

附2

致联合国儿童基金会执行主任詹姆斯·格兰特邀请函

亲爱的詹姆斯·格兰特先生：

今年是中国著名的妇产科专家、教育家、中国近代妇幼卫生、助产教育的创始人杨崇瑞博士诞辰一百周年。为了缅怀杨崇瑞博士的崇高精神，中华人民共和国卫生部、杨崇瑞博士的学生、家属及生前友好将于1991年9月6日上午9：00－11：00时在北京人民大会堂召开"杨崇瑞博士诞辰一百周年纪念大会"。

我们大家知道，您的父亲兰安生博士是将杨崇瑞博士领上公共卫生道路的人，是杨崇瑞博士非常敬仰的导师及生前好友，在此纪念之际，我正式的邀请您来华参加此次纪念活动，以共同缅怀这位为中国妇女儿童健康而无私奉献了一生的女性。

　　　　　　　　　　　　　　　　　中华人民共和国卫生部部长
　　　　　　　　　　　　　　　　　　　陈　敏　章
　　　　　　　　　　　　　　　　　一九九一年八月二十三日

詹姆斯·格兰特复电原文

```
FROM UNICEF EX DIR          (FRI)08.30.'91 11:49        NO.9    PAGE 1  MCH

                    unicef
United Nations Children's Fund  Fonds des Nations Unies pour l'enfance  Fondo de las Naciones Unidas para la Infancia
Детский Фонд Организации Объединенных Наций

DRAFTER:          DIVISION/SECTION:    UNICEF House        TELEPHONE:      DATE
                  Office of the        3 United Nations Plaza  (212) 326-7028   30 August 1991
MARIANNE          Executive Director   New York, New York 10017
                                       (212) 326-7035

(DESTINATION):                         CITY/COUNTRY:  Beijing, China        Page 1 of
VICTOR SOLER SALA                      FAX NUMBER:                          1  pages.

MESSAGE TEXT:                          FAX COVER SHEET
                                       Office of the Executive Director

WITH RESPECT YOUR FAX 23 AUGUST ON THE MEMORIAL CELEBRATION FOR DR. YANG.
REGRETABLY I WILL NOT BE ABLE TO ATTEND ALTHOUGH I WOULD IF MY SCHEDULE
PERMITTED IN ANY WAY.  I WILL SEND A MESSAGE FOR THE MEMORIAL SERVICE WHICH
YOU MIGHT DELIVER ON MY BEHALF.  DR. YANG WAS TRULY ONE OF THE SPECIAL FIRST
PIONEERS OF PHC AND SHE WAS THE FIRST REPEAT FIRST ADVOCATE OF RETRAINING
TBA's.  HER WORK OF THE 1920-1930's WAS THE FOUNDATION FOR LATER UNICEF WORK
IN CHINA IN 1949 AND 1950 AND PROVIDED THE BASIS FOR ALL THE LATER WHO
UNICEF WORK WORLDWIDE WITH TBA's.  A TRULY REMARKABLE WOMAN OF UNQUENCHABLE
SPIRIT.  WILL SEEK TO DISCUSS THIS FURTHER WITH YOU BY TELEPHONE THIS
WEEKEND.

OCB INCOMING          WARM REGARDS,
DATE  0 2 SEP 1991     JIM GRANT
ACTION  INFO

                          cc:  RP.

                               2. 9. 91
```

詹姆斯·格兰特复电译文

　　有关您八月二十三日电传所述杨博士纪念活动之事，如果我的日程允许，我无论如何也会参加的，但遗憾的是恐不能如愿。我将为此纪念仪式带去我的话，您也许可以代表我在大会上发言。杨博士的确是杰出的初级卫生保健的先驱者之一。她是改造旧接生婆的第一位倡导者。她在二、三十年代的工作是后来UNICEF1949年及1950年在中国工作的基础，并为以后WHO、UNICEF在世界范围内改造旧接生婆的工作奠定了基础。她是一位具有坚韧不拔精神的、非凡的女性。本周末我将打电话给您进一步商讨此事。

此　致

詹姆斯·格兰特

附3

索勒·撒拉代表格兰特讲话稿原文

Dr. Yang Chung-jui

Among the many whom we honor after their passing, Dr. Yang Chung-jui particularly deserves to be remembered on the centennial of her birth. Only a few in UNICEF today know of Dr. Marion Yang, as she was known to her Western colleagues, but her ideas and concrete actions of more than fifty years ago have significantly influenced the work of UNICEF and WHO for more than forty years. Millions of babies have survived as a consequence. Equally important her pioneering work of the late 1920s and the 1930s helped to establish the basic principles of primary health care, first utilized on a mass basis in China in the 1950s and 1960s and which were endorsed by the world health community in 1978 at the WHO-UNICEF Alma Ata Conference on Health for All through Primary Health Care.

Dr. Yang was among the first to recognize that the use of modern medical knowledge depends on social organization and that for medical knowledge to be available to all it must be on a cost sustainable basis for the society. Thus, as a professional in maternity services, she was an early advocate of the use of midwives in the birthing process, knowing that it would be decades before doctors and highly trained nurses would be available to assist in the majority of births. Equally, and some might argue more important, she recognized that the training of modern midwives would take many years in a country the size of China with its more than 10 million births each year, and that effective use could and needed to be made of the traditional midwives active in many thousands of Chinese villages and towns. She had faith, later borne out in practice, that old style midwives, known as traditional birth attendants in many countries, could be trained to understand the essentials of cleanliness with birth, the proper treatment of the cord and early recognition of some of the factors associated with a difficult birth.

These concepts were first demonstrated on a significant scale in Beijing in the late 1920s. UNICEF's first projects in China beginning in 1948 included the training of traditional birth attendants, and from this successful experience these concepts were to spread around the world. I was reminded of the still vital need for Dr. Yang's ideas this past June in Mexico City when I addressed the final session of Mexico's first national seminar on the training of traditional birth attendants. Even today more than 30 per cent of births in Mexico are attended by traditional midwives with no formal training, and belatedly Mexico is now introducing a national system of training TBAs based on Dr. Yang's pioneering work.

The midwives's kits developed by Dr. Yang at that time remain with very little change to this day. UNICEF has supplied many tens of thousands of these kits and they remain an active stock item on the supply list of the UNICEF Supply Centre in Copenhagen.

I was priveleged to first meet and later to see Dr. Yang at work in Beijing in the early 1930s when she was a close associate of Dr. John B. Grant, my father, and Dr. Ch'en Chih-ch'ien in their primary work on bringing "health to all". I developed then a vivid memory of this small dynamic independent minded professional, qualities which, I was most pleased to see, she still retained when Dr. Lin Ch'iao-chih (Dr. Kha-ti Jin) arranged a memorable small reunion in 1979.

We in UNICEF congratulate the organizers of this centennial memorial for such an outstanding pioneer for the well-being of the children in the world.

James P. Grant
Executive Director, UNICEF

● 联合国儿童基金会执行主任詹姆斯·格兰特讲话稿译文 ●

我们纪念许许多多去世的人们，杨崇瑞博士就是其中值得怀念的一位，特别是正值她百岁诞辰之际。今天玛丽安·杨（杨崇瑞英文名）博士已鲜为儿童基金会和西方同道们所知，但是她在半个世纪前的思想和具体行动深深的影响着儿童基金会和世界卫生组织40多年来的工作。千百万儿童生存下来莫不与此相关，同样重要的是从20世纪20年代到30年代，她帮助建立了初级卫生保健的基本原则，这些基本原则从50年代到60年代首先在中国的群众中使用，又在1978年世界卫生组织和儿童基金会在阿拉木图召开的"通过初级卫生保健达到人人健康"的会议得到认可。

杨博士首先认识到现代医学知识只有依靠社会机构才能得以推广，必须有稳定的社会基础医学知识才能家喻户晓。作为一个产科专家，她很早就倡导由助产士进行接生。认为几十年后，才可能使多数分娩由医生和受过高级训练的护士进行接生。

有些人还认为，她还作了更加重要的工作。在中国这样一个大国，每年有一千万婴儿出生，培训现代助产士会需要很多时间。从而在乡村和城镇，应当有效地利用传统的接生婆。她相信，在许多国家被称为接生婆的人是可以培训的，使她们领会接生的关键所在是清洁，处理好脐带，尽早识别难产的征兆，这些已被后来的实践所证实。

在北京，早在（20世纪）20年代就在很大的范围内实行了她的想法。1948年联合国儿童基金会在中国的第一个项目就包括培训传统的接生员，根据这些成功的经验，她的想法传到其他国家。今年六月在墨西哥城第一次培训传统接生员研讨会上，我在致辞的时候就想到：杨博士的这些概念仍然非常重要，甚至在今天，墨西哥30%的接生工作仍然由传统的接生婆承担，但是她们没有得到过正规的训练。所以，在墨西哥正在引进一种国家的培训制度，这正是杨博士创立的。

接生用的产包是杨博士早年创造的，至今仍无很大的改变。联合国儿童基金会已经提供了成千上万个这样的产包。在哥本哈根儿童基金会供应中心，这些产包仍然是订货单上的热点货。

早在（20世纪）30年代初的北京，我就有幸见到过杨博士，并看到她是如何工作的。当时她是我父亲约翰·格兰特博士和陈志潜博士的一名亲密助手，她们正致力于从事卫生保健的初期工作。渐渐地，我们脑海里留下了她们生活的印象，小巧玲珑，生气勃勃，思想独特，这些品质直至1979年林巧稚安排的难忘的聚会上，仍然保持在她身上，当时非常高兴。

儿童基金会祝贺会议的组织者举办了这次百岁纪念活动，以此来寄托我们对这位为世界儿童福利而奋斗的创始人的怀念。

1991年9月3日

陈敏章部长为严仁英博士授奖

附4

• 陈敏章部长在杨崇瑞博士诞辰一百周年 •
纪念大会上的讲话

同志们：

今天是我国著名的妇产科专家、教育家、近代妇幼卫生事业的重要创业者杨崇瑞博士诞辰一百周年。卫生部、北京市卫生局、杨崇瑞基金会在这里举行隆重的纪念大会，纪念这位对我国妇幼卫生事业贡献卓著的先驱者，是很有意义的。

杨崇瑞博士是中华民族优秀知识分子的代表之一，她一生赤诚爱国，执意追求，无私奉献，开创中国妇幼卫生事业，造福人民。20年代，她就悉心关切民众妇幼卫生问题。满怀对祖国、对人类、对妇女、对儿童的挚爱和高度的社会责任感，面对旧中国旧法接生造成母婴高死亡率的严酷现实，选择妇幼卫生为自己的终生事业。从此，她孜孜不倦，为之奋斗，百折而不挠。她开我国助产教育之先河，创办了我国第一所助产学校，示范全国，带动各地有志之士相继兴办助产教育。为我国培养了一代新型助产人才，首建一支妇幼保健骨干队伍，推广新法接生。30年代，日本发动侵华战争，民族处于危亡关头，她踊跃投身抗日救亡运动，她积国外进修考察所得先进经验、理论，结合中国实际，先后精心著撰《妇幼卫生纲要》、《妇婴卫生学》、《简易产科学》等。这些论著不仅是当时最好的教材，至今仍有现实指导意义，为我国妇幼卫生工作奠定了理论基础。40年代，杨崇瑞博士在北京、上海、四川、贵州等地创建了一批妇婴保健院、妇幼保健所，为中国妇幼卫生组织提供了模式和范例，对中国妇幼卫生事业的发展，产生了积极作用和深远影响。

杨崇瑞博士，对国家人口问题，具有远见卓识。早在30年代，即已预见到人口增长的严重性，认为中国人民必须学会使人口适应于资源，自愿限制人口，国家才能繁荣富强，提出限制人口，提高妇婴健康。并创办了节育指导所，宣传节育科学知识，指导群众节育方法。历史已经证明她倡导节育的主张是正确的。

新中国成立后，杨崇瑞博士毅然辞去待遇优厚的国际卫生组织的高级职务，欣然回国参加社会主义祖国的建设。受命于开国之时，出任新中国卫生部妇幼局第一任局长。任职期间，她以极端的工作热忱，丰富的经验、学识，全心全意投入组织领导新中国妇幼卫生的工作。她立足实际，从改造旧产婆入手，推广新法接生，从而大大降低产褥热和新生儿破伤风的发病率，降低了妇婴死亡率，短短几年取得了很大成就。仅1949～1953年间就训练接生员26.9万人，妇幼卫生员9千多人，到1959年全国助产士由解放初期的13000多人增加到35774人，普及新法接生在全国迅速展开，成为建国初期党和人民政府在健康领域为人民做的大好事之一而载入史册。杨崇瑞博士一生，经历了中国几次大的社会变革，道路坎坷，但她为国为民之心始终忠贞不渝。从她的业绩中，我们可以吸取很多教益。杨崇瑞的高贵品格和崇高精神，值得我们认真学习。

一、学习杨崇瑞博士的爱国主义精神。她有一颗强烈的民族自尊心，自信心，矢志富国图强。她崇尚科学事业，苦心攻读医学，远渡重洋，深造自己。新中国一诞生，她便辞绝国际卫生组织的高薪聘用，克服重重阻力，毅然回国服务。她把自己半生的科学积累和实践经验融合于新中国妇幼卫生事业之中，把自己的生命化为一片爱国的光和热，为国家增添光彩。这种爱国精神是十分可贵的，也是令人敬佩的。

二、学习杨崇瑞博士热爱共产党、热爱社会主义的崇高品德。在 20 年代,她曾拟定一个中国妇幼卫生 50 年计划。但是,旧中国,政治腐败,民不聊生,环境恶劣,她深感难以实现,是共产党领导的新中国万象更新的面貌,人民政府为人民的精神,感召了她,鼓舞了她,坚定了她的事业心,使她为之不懈奋斗,贡献卓著。1957 年反右扩大化,她被错划为"右派","文革"中也遭到冲击,直到十一届三中全会以后才彻底昭雪。但她没有怨恨,依然鼓励她的学生、同事继续努力做好妇幼卫生工作。她不顾高龄,接待外宾,热情宣传新中国妇幼卫生事业成就。在她九十岁生日时她深情地对她的学生和家人说:我想参加共产党。由此可见一位饱经风霜的旧知识分子热爱共产党的激情和对社会主义的信念。

三、学习杨崇瑞博士严谨的、创造性的治学精神。她就学教会学校,不止一次到国外进修,但她不为西方妇幼卫生学校所囿,而是切合中国实际办学。她亲题"牺牲精神,造福人群"的校训,并用这种精神要求造就学生。既要培养学生有高超的医术,更要培养学生有高尚的医德。并以身作则为学生做出榜样。她桃李满天下,凡受过她教诲的学生,有口皆碑,赞扬老校长的严谨作风。

四、学习杨崇瑞博士廉洁奉公,无私奉献的精神。她一生俭朴,一身布衣,不图享受,用自己的工资收入帮助贫困学生上学,为社会办学,兴办妇幼机构。她终生未婚,没有自己温馨的小家庭,但她把自己的血肉之躯献给了中华民族这个"大家",她一生没有自己的孩子,却把全部的爱献给了国家的后一代。曾有记者问她为什么不结婚?她说:"我和妇幼卫生事业结了婚,全中国的孩子都是我的孩子。"她心里装着中国的儿童,自己却一无所求。临终前把自己一生省吃俭用的积蓄 6.9 万元人民币无私地献给了国家,用于发展妇幼卫生事业,把积累了数十年的外文书籍赠送给研究单位。她为中国妇幼卫生事业耗尽了心血,献出了一切。她这种无私奉献,鞠躬尽瘁、死而后已的献身精神,我们应当奉为楷模,认真学习。

同志们!

杨崇瑞博士一生夙愿,要使中国妇女、婴儿都得到必要和可能的保健照料,执意追求,一腔忠诚。在旧中国,她苦斗未竟,在新中国,今天正在成为现实。我国妇幼卫生事业已经取得举世瞩目的成就,有着光明的前景。1991 年 5 月李鹏总理为全国妇幼卫生暨合作项目工作会议题词:"关心妇幼保健,提高人口素质。"再一次体现了党和政府对广大妇女儿童的健康和妇幼卫生工作的极大关怀与殷切期望。1990 年 9 月世界儿童问题首脑会议之后,"儿童优先","母亲安全"已成为国际社会共同关注的重要议题。1991 年 3 月 18 日,李鹏总理代表我国政府正式签署了《儿童生存、保护和发展世界宣言》和《执行九十年代儿童生存、保护和发展世界宣言行动计划》两个文件。同时,李鹏总理指出,相信在联合国的帮助下,中国儿童一定能够达到文件中提出的一些要求,我们还要争取提前达到。这既是对世界的豪迈承诺,也是对我国妇幼卫生事业的极大鼓励与推动。历史赋予我们光荣而艰巨的使命。杨崇瑞博士奋力开拓的妇幼卫生事业方兴未艾。当今,我国社会主义现代化建设正处在一个十分重要的时期。党的十三届七中全会和七届全国人大四次会议通过了我国国民经济和社会发展的十年规划和"八五"计划纲要,它标志着我国人民将坚定不移地沿着建设有中国特色的社会主义道路继续前进。我们纪念杨崇瑞,学习杨崇瑞,就要发扬杨崇瑞爱国、爱党、爱社会主义的精神,无私奉献的精神,献身实现四化、振兴中华的宏伟事业。坚定不移地贯彻执行以经济建设为中心,坚持四项基本原则,坚持改革开放的基本方针,自力更生,奋发图强,团结协作,艰苦奋斗,为建设具有中国特色的社会主义现代化强国,为争取人类社会的文明进步,造福人类,做出更大的贡献。

一九九一年九月六日

参加杨崇瑞博士诞辰一百周年纪念大会的在京及部分外地校友合影。第二排坐者：左起第五人为左奇，第六人为北京医科大学党委书记彭瑞聪，第七人为严仁英

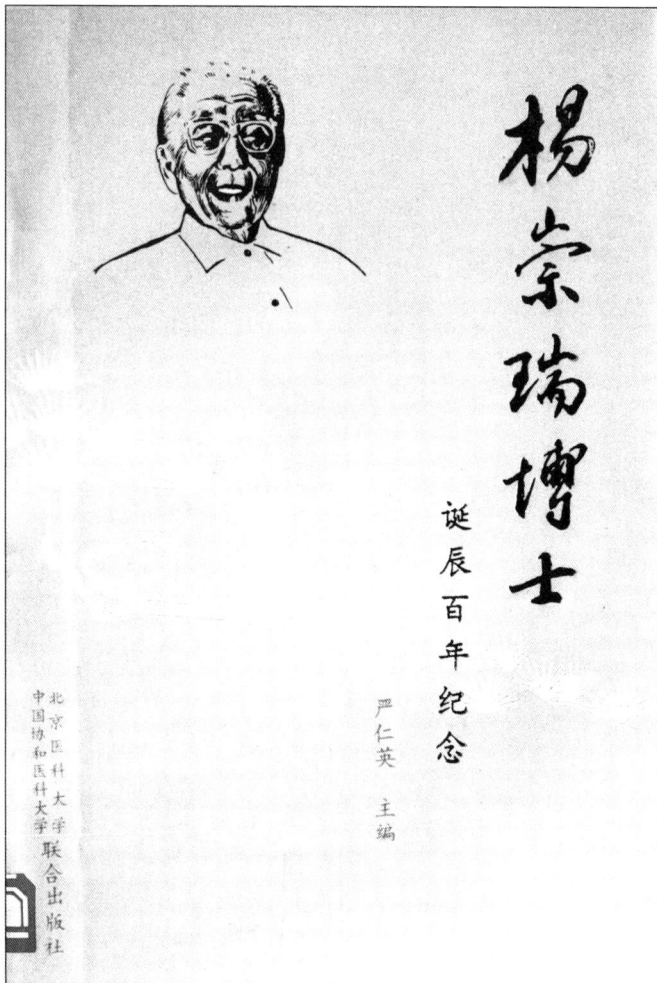

杨崇瑞博士

诞辰百年纪念

严仁英 主编

北京医科大学
中国协和医科大学联合出版社

为纪念杨崇瑞博士诞辰百年纪念，中华人民共和国卫生部妇幼卫生司与国立第一助产学校校友会合编了《杨崇瑞博士——诞辰百年纪念》一书。图为此书封面

1995 年 4 月杨崇瑞博士骨灰安葬在北京万安公墓

墓穴上面文字

　　医学博士杨崇瑞是著名的妇产科专家、教育家、我国近代妇幼卫生事业的创始人、中国助产教育的开拓者。生前曾任全国第二、三、四、五届政协委员,中华医学会理事,中央卫生部妇幼卫生司第一任司长,中国人民保卫儿童全国委员会委员。曾被联合国国际卫生组织聘为国际妇婴卫生专家,后任联合国世界卫生组织妇婴卫生组副组长。

墓碑背面文字

牺牲精神　造福人群（原国立第一助产学校校训）

杨崇瑞校长从廿世纪二十年代开始在我国创办起以预防为主的妇幼卫生事业

她在我国是第一位把现代科学的妇幼卫生知识从城市大医院送到农村

第一位提倡新法接生　是全世界率先培训接生婆的人

第一位在我国创办助产教育办起了示范性的助产学校及附设产院并把培训的

骨干分派到边远落后地区

第一位早在三十年代即提倡并办起节制生育指导所

中华人民共和国卫生部第一任妇幼卫生司司长领导组织起全国妇幼卫生保健网

杨校长一生独身生活俭朴把毕生心血和积蓄全部供献给了国家和人民

她的功绩与日月同在

原国立第一助产学校校友会

一九九五年四月

——杨崇瑞的纪念碑——

北京市东四妇产医院暨北京市东城区妇幼保健院原是杨崇瑞创建的"国立第一助产学校及附设产院"。自1929年建校至今已七十多年。医院集医疗、妇幼保健、教学和科研为一体。经过多年实践，高危妊娠一条龙管理，中西药物结合治疗不孕症，子宫肌瘤核除术，疑难高危计划生育手术，围产期及更年期保健和优生优育咨询等已成为具有一定特色的医疗项目。80年代以前医院承担着全市产科的主要任务，早在1963年建立了计划生育这一重点专科，由张欣远首创了北京市万例计划生育手术无事故的良好成绩。

保健工作在面向基层、面向群体的思想指导下，创建了由市、区妇保所，驻区各医院保健科参加的三级保健网和由驻区中央、市、区属医院的保健科、妇产科专家组成的妇幼工作技术指导组，于80年代建立了院内"孕妇学校"和"新婚学校"。为贯彻《母婴保健法》开设24小时热线服务电话和咨询门诊，产科实行了预约挂号。

科研工作曾获国家级科技成果奖14项，发表学术论文32篇，接受本市及外省、市来院进修及实习人员441人。先后接待了法国卫生部部长、法国总统希拉克夫人一行以及美国、英国、意大利、菲律宾、澳大利亚、蒙古、朝鲜、刚果等十多个国家贵宾的来访。

广大医务工作者、职工和干部默默耕耘。荣获市级以上先进称号的达28人次，自1960年以来医院三次被评为《北京市先进集体》，1988年以来连续九年被评为《北京市计划生育先进单位》，1992年首批以满分的成绩通过了"爱婴医院"的评估，1994年获《全国计划生育先进集体》，1996年获《北京市计划生育红旗单位》的称号。1997年经卫生部批准为"二级甲等妇幼保健院"。

全院现正在党的卫生工作方针指引下，高举邓小平理论伟大旗帜，学习江泽民总书记三个代表的讲话精神，团结一致，深化改革，坚定不移地继续发扬"牺牲精神"，克服困难，勤奋工作，为七十多年的老院在新时期再谱"造福人群"的新篇章做出更大贡献！

图为现在北京市东四妇产医院大门

● 建院 70 周年大会 ●

　　1999 年 11 月 18 日东四妇产医院、东城区妇幼保健院(原国立第一助产学校一院及附属产院)举行建院七十周年暨杨崇瑞铜像揭幕仪式大会。会上高锋院长讲话,市、区卫生局及区长讲话。同时由杨崇瑞基金会理事长严仁英宣布第二届杨崇瑞妇幼卫生奖获奖人员名单。并请原卫生部部长钱信忠、中国医学基金会会长陶斯亮等给获奖人员七人颁奖。

在庆祝建院 70 周年大会上杨崇瑞铜像揭幕

图为严仁英
宣布获奖人员
名单

杨崇瑞基金获奖名单

1. 陈文珍　原北京市妇产医院副院长
2. 陈文祯　福建省妇幼保健院院长
3. 华嘉增　上海市卫生局妇幼处处长
4. 保毓书　北京医科大学劳动卫生教研组
5. 左　奇　北京医学院副院长兼第三医院院长及党委书记
6. 斯朗旺姆．四川省卫生厅副厅长
7. 陈善祯　内蒙古包头市妇幼保健院医师

获奖者七人。图为到会领奖者四人，
三人缺席。从左起华嘉增、左奇、保毓书、
陈善桢

━━━━━━━━━━━━━━━━ ● 杨崇瑞基金成立 ● ━━━━━━━━━━━━━━━━

　　杨崇瑞基金会于1989年成立，理事成员由原国立第一助产学校校友组成，经协商决定将杨崇瑞奖励基金移交给中国医学基金会管理。经北京开心宝宝商贸有限公司资助，于2000年5月21日在北京赛特饭店举行中国医学基金会杨崇瑞基金成立大会，今后负责管理杨崇瑞妇幼卫生奖励基金等事宜。原全国人民代表大会常务委员会副委员长雷洁琼，中华人民共和国卫生部副部长彭玉，原中华人民共和国卫生部部长钱信忠等领导同志出席了大会。

前排左起彭玉、钱信忠、雷洁琼、严仁英、左奇

原卫生部长钱信忠发言

2000 年 5 月 21 日杨崇瑞基金成立大会

①原由北京医科大学校友总会国立第一助产学校分会管理的杨崇瑞基金 12 万元

②由北京开心宝宝商贸有限公司捐赠 5 万元

③由严仁英同志捐赠 3 万元（国立第一助产学校校友分会主任）

以上共 20 万元统交中国医学基金会管理，组织杨崇瑞基金委员会，负责今后奖励妇幼卫生教育、妇幼保健及妇幼保健科学研究等方面有重大成果或突出成绩的人才

图为严仁英同志在移交会上讲话

● 中国医学基金会简介 ●

中国医学基金会是由医学界知名专家学者及社会活动家、企业家组成的非营利性民间社团。

中国医学基金会成立于 1987 年，是经中华人民共和国卫生部批准，并在中华人民共和国民政部注册登记 [社证字第 3022 号] 的具有社团法人资格的全国性社会团体。

中国医学基金会的宗旨是：募集资金资助医学事业。

中国医学基金会的任务是：接受有特定意向和无特定意向的捐赠。基金会接受的捐资，按捐资者意愿专项使用，或建立专项基金资助医药卫生事业的发展。基金会接受国内外捐赠的医疗设备、药品及卫生用品等物资，用于支持老少边穷地区及其他急需地区。基金会大力推广先进技术，收集医学科技信息，引进先进医疗技术，组织国内外医学学术及学术交流活动。

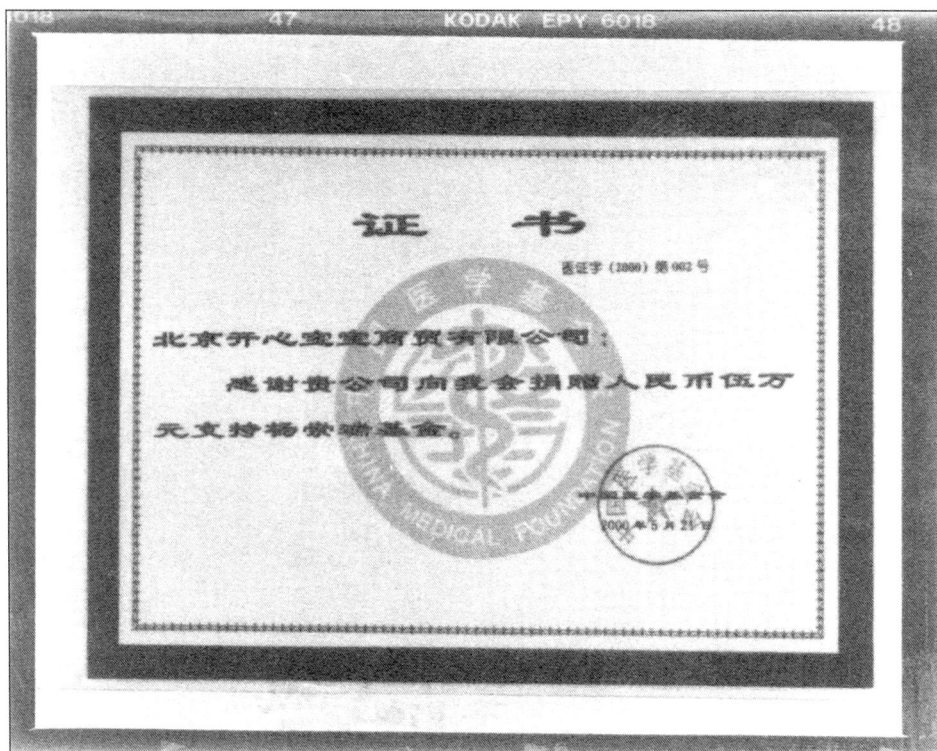

开心宝宝工商贸有限公司向杨崇瑞基金捐赠五万元证书

赞助杨崇瑞妇幼卫生奖励基金的商业机构
——开心宝宝商贸有限公司——

　　北京开心宝宝商贸有限公司，是一家经营婴幼儿及孕产妇用品的商业机构，公司经理朱军、副经理曹京等人不仅关心商业经营，且关心我国育龄妇女的健康状况及婴幼儿的科学培育事业，经在该公司工作的儿科医师冯兰邀请，左奇同志（原北京医学院副院长兼北医三院院长和党委书记）前往，向公司介绍了20世纪20年代我国生育革命的先驱杨崇瑞博士的生平事迹，他们出于崇敬杨崇瑞博士一生献身妇幼卫生事业的伟大精神于1999年6月创办免费为孕产妇及婴幼儿服务的妈妈教室，并将他们辛勤耕耘的5万元赞助杨崇瑞妇幼卫生奖励基金，后该教室命名为"杨崇瑞妈妈教室"，为优生优育科学育儿，提高我国儿童身体健康及素质做贡献。

定期免费组织0~6岁小儿的家长听计划生育及优生优育课程,图为医生讲课

定期免费及热线电话咨询,内容:育龄妇女计划生育,0~6岁儿童的家长育儿知识等

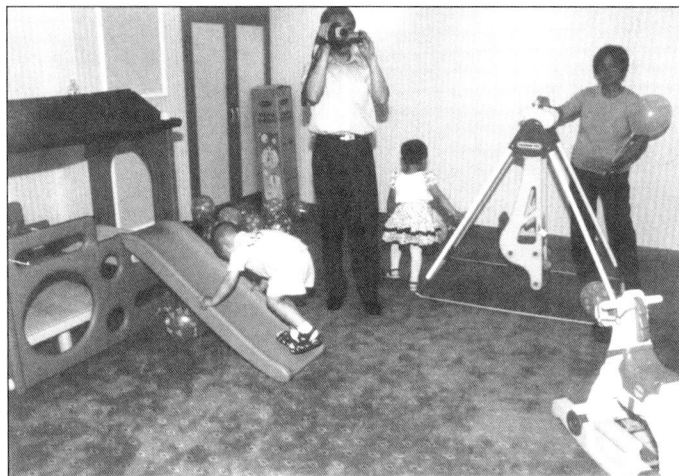

设大型玩具室，开发小儿智力及提高动静力发展

杨崇瑞妈妈教室开课时开心宝宝经理等人留影。右起经理朱军、左奇、儿科医师冯兰、副经理曹京

后　记

　　为纪念杨崇瑞博士一生热爱祖国，致力于开创我国妇幼卫生事业的崇高思想和牺牲精神，1990 年在她百年诞辰时，中央卫生部妇幼司、北京市卫生局及国立第一助产学校校友会在北京人民大会堂举办了纪念大会，同时合编了一本《杨崇瑞博士——诞辰百年纪念》一书，并举办了"杨崇瑞博士生平事迹"图片展览。当年展览的照片资料的收集编辑展出等工作都是陆银道同志顶烈日冒酷暑亲自完成的。为了保存这些展览图片的珍贵资料，在杨崇瑞博士诞辰一百一十周年之际，我们决定出版这本纪念册。这本纪念册包括当时展览图片的全部内容，还尽量作了些补充。在此我们特别对陆银道同志表示衷心的感谢！

　　本纪念册将帮助我们学习杨崇瑞博士对祖国无私奉献的精神，为改善我国妇女儿童的健康奋斗终身的崇高品质，激励我们在各自的岗位上努力工作。

　　在本书的编辑过程中，得到了许多领导同志及各界朋友的关心和支持，在此一并表示感谢！

编者

2002 年 4 月

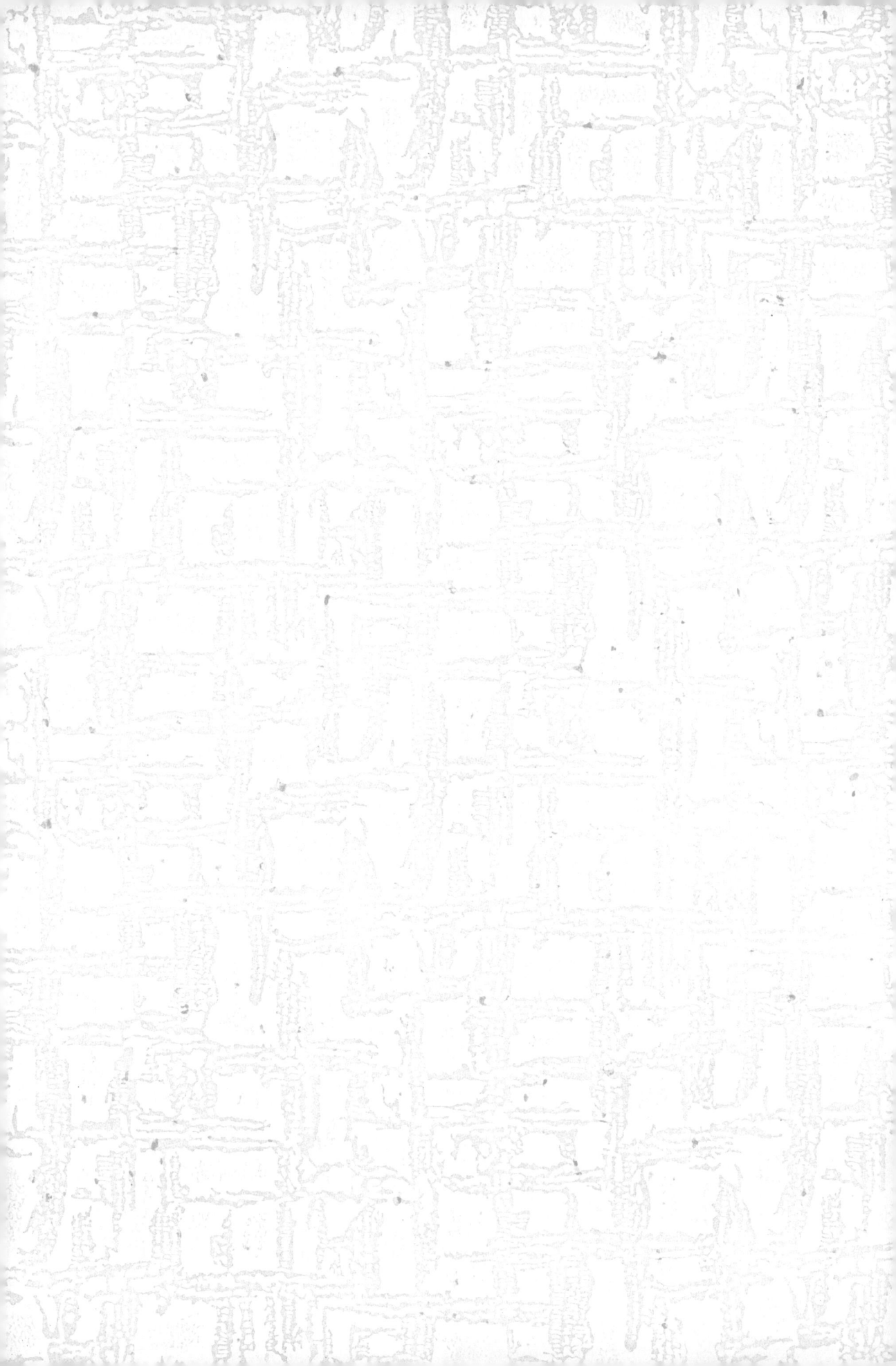